多维度视角下
课堂教学模式探索研究

秦亚伦　著

中国建材工业出版社
北　京

图书在版编目（CIP）数据

多维度视角下课堂教学模式探索研究/秦亚伦著
. --北京：中国建材工业出版社，2023.11
ISBN 978-7-5160-3918-2

Ⅰ. ①多… Ⅱ. ①秦… Ⅲ. ①课堂教学－教学模式－研究 Ⅳ. ①G424.21

中国国家版本馆 CIP 数据核字（2023）第 222319 号

多维度视角下课堂教学模式探索研究
Duoweidu Shijiao xia Ketang Jiaoxue Moshi Tansuo Yanjiu
秦亚伦　　**著**

出版发行：中国建材工业出版社
地　　址：北京市海淀区三里河路 1 号
邮　　编：100044
经　　销：全国各地新华书店
印　　刷：北京传奇佳彩数码印刷有限公司
开　　本：787mm×1092mm　1/16
印　　张：9.5
字　　数：128 千字
版　　次：2024 年 5 月第 1 版
印　　次：2024 年 5 月第 1 次
定　　价：59.80 元

本社网址：www.jccbs.com，微信公众号：zgjcgycbs

前言

教学过程是一种沟通、理解和创新的过程，面对千变万化的信息社会，学习不仅是把知识装进学生的头脑中，更重要的是引导学生对问题进行分析和思考，从而把知识变成学识，变成主见与思想。在这一背景下，将课堂转型教学模式引入课堂教学中，整合传统的教学模式是实现师生双方的相互交流、相互沟通，提高学生分析、思考问题的能力，优化学生思维品质的有效途径。

教师在不同课堂、对待不同学生时要采取不同的课堂教学模式，课堂教学模式的恰当使用可以提高课堂效率，提升学生学习的积极性。本书以课堂教学模式为研究方向，主要研究多维度视角下课堂教学模式。本书从课堂教学概述入手，针对教学模式概述、教学方法内涵、教学过程与原则进行了分析研究；另外，对多视角下的课堂教学的方法以及多视角下的课堂教学技能作了一定的介绍；还剖析了成果导向教育视角下的课堂教学模式、互联网视角下的混合课堂教学模式、智慧教育视角下的智慧课堂教学模式等内容，旨在摸索出一条适合多维视角下课堂教学的科学道路，帮助教育工作者在应用中少走弯路，运用科学的方法，提高课堂教学的效率。本书对多维度视角下课堂教学模式的探索研究有一定的参考价值。

在本书的撰写过程中，作者参阅了国内外有关的大量文献和资料，从中得到启示；也得到了有关领导、同事、朋友及学生的大力支持与帮助，在此致以衷心的感谢。由于作者学识水平和时间所限，书中难免存在缺点，敬请同行专家及读者批评指正，以便进一步完善提高。

目录

第一章　课堂教学概述

第一节　教学模式概述

一、模式的概念

什么是模式？首先可从语义上予以分析。《说文解字》中记载："模，法也。"我国古代也有以材料的不同而区分不同的"模"："以木曰模，以金曰熔，以土曰型，以竹曰范，皆法也。"模、熔、型、范都是以不同材质做成的"模"，实际上都是科学技术方法。

《辞源》对"模"的释义有模型、规范、楷式、模仿、效法等，"模式"这个词在我国古代有所应用，但不多。《汉语大词典》中将"模式"释义为："事物的标准样式。"

在现代，"模型"一词已从原来狭义的实物模型发展到包括非实物的形式模型，如数学模型等。因此，就采用替代的"模式"一词，如"经济模式""文化模式""教育模式""教学模式"等。在这些领域里则常把实物模型称为"模型"。从上述解读来看，"模式"比"模型"更广泛些。"模"包括了实物模型的意义；"式"则包括了非实物的形式、式样的意义，也即包含了形式模型的意义，"模式"一词兼容了实物和形式两大类模型。

二、教学模式及其层次

教学模式则是在一定的学习理论、教学理论等理论的指导下，根据对学习内容、学情的分析，从而形成的对教学过程的组织方式的简要概括，它是对课堂教学结构和教学过程实施的一种假设。由于学习理论和教学理论的发展性和复杂性以及教学内容和学情的差异性，决定了教育教学模式的多样性，每一种模式都有其优势、局限性和适用环境。因此，存在着多种模式的选择和组合以及优化的现实性。

教学模式按其适用范围的不同，可以分为以下三个层次：

第一，宏观层次的教学模式是指以“教为中心”的传统模式；以“教为主导、学为主体”的过渡模式；以“学为中心”的未来模式。

宏观层次的教学模式是一定的教育思想在教学实践中的反映。随着教育思想的更新和信息技术的迅速发展，传统模式将会逐次被过渡模式和未来模式所代替。

第二，中观层次的教学模式是指对教学过程实施程序的一种规范，有接受教学模式、程序教学模式、问题解决教学模式、探究发现教学模式等。接受教学模式以讲为主，系统讲授和学习书本知识；程序教学模式是设置个人学习情境，严格控制学习过程的模式；问题解决教学模式是以问题为中心，组织学生从活动中学习的模式；探索发现教学模式是提供结构化材料，引导学生进行探究发现式的学习模式。

第三，微观层次的教学模式是指对课堂教学结构过程的一种假设，是根据对认识论、课程论、教学论、价值论、方法论等进行研究，从逻辑结构、历史结构、学科结构的角度所进行的探索得到的各种教学模式。

三、教学模式的分类

教学模式的逻辑结构根据对认识论、课程论、教学论、价值论和方法论等多方面的研究构建出来，可区分为基础教学模式、发展教学模式、学科教学模式、活动课程教学模式、潜在课程的教学模式、教学论教学模式、学习论教学模式、艺术论的教学模式、技术论的教学模式等。

（一）基础教学模式

让·皮亚杰根据发生认识论将儿童认识论的形成分为四个阶段，即感知运动阶段、前运算阶段、具体运算阶段和形式运算阶段，与此对应的教学模式分别为：

1. 感知模式

感知模式是指感知水平的教学模式，这一模式在于发展人的智慧，关键是通过各种活动，使学生的感官充分接收外界信息，建立越来越多的认识图式，亦即在头脑中形成各种各样的表象。凡是学习从未感知过的新领域的知识和技能，都需要采用这种感知模式，先体验，而后在感知过程中进行学习。

2. 游戏模式

游戏模式是指前运算阶段的教学模式，经过感知水平的教育之后，就可调动学生的兴趣，通过“寓教于乐”的各种方式，发展学生的智慧和认知能力，从而获得新的信息、知识或技能。

3. 具体模式

具体模式是指具体运算水平的教学模式，在经受了感知、前运算水平的教育之后，就可以运用具体、直观的形象，采用情景交融的模式，使学生获得新知识或新技能。

4. 形式模式

形式模式是指形式运算水平的教学模式，形式运算水平可以理解为根据语言、文字符号进行假设、演绎和推理，但仍需要从形象到抽象，从具体到形式进行逻辑思维和运算。

（二）发展教学模式

查有梁教授根据其“发展认识论”，把青年以及成人的认识发展也分为四个阶段：直觉运演阶段、结构运演阶段、综合运演阶段和体系运演阶段，对应的教育模式则分别为：直觉模式、结构模式、综合模式和体系模式。

1. 直觉模式

直觉模式是指直觉运演水平的教学模式，发展认识论的研究提出，从15～16岁阶段到18～19岁阶段，学生的认识可能达到直觉运演阶段，这相当于高级中学时期。在这一阶段要发展智慧，关键是要重视直觉思维。创造思维的第一步，便是在经验基础上应用直觉思维。直觉思维是以整个知识为背景的直接而迅速的认识，其特点是整体的、跳跃的、猜测的、非逻辑的。在高中阶段需要练习解决较多的问题，而问题解决要快、要好，非训练直觉思维不可。

直觉运演阶段（高中时期）所对应的教育模式的特点是重视猜测，在顿悟中学，简称直觉教育模式或直觉模式。

直觉教育模式的基本教育过程为：问题——假设——推演——验证——反馈。

必须强调，直觉教育模式是建立在感知教育模式、游戏教育模式、具体教育模式、形式教育模式之上的。或者说，直觉教育模式源于基础教育的四种模式。在应用直觉教育模式时，必须高度重视遵从模式变换原理，使之多样生动；遵从模式孕育原理，使之超前发展；遵从模式包容原理，使之系统全面。

2. 结构模式

结构模式是指运演水平的教育教学水平模式，只有使学生对所学课程有较完整的理解，并掌握有关的知识结构、才能有效地解决教学或实际的问题，进行相关的“转换”。这种模式的特征是重视认知结构，在转换中学习。

发展认识论的研究指出，从18～19岁阶段到20～23岁阶段，人的认识可能达到结构运演阶段，这相当于大学时期。在这一阶段要发展智慧，关键是要重视学科结构。大学阶段分专业、分学科，并要求学生对所学专业、学科要有较完整的理解，这里的“结构”指一门学科的概念、原理、方法及其相互联系形成的整体。只有掌握了一门学科的结构，才能更有效地解决涉及该学科的问题。同时，当旧的学科结构不能解决某一问题时，应用“转换”的方法，又可构建新的学科结构，从而能解决更多问题。

结构运演阶段（大学时期）所对应的教育模式的特点是重视结构，在转换中学，简称结构教育模式或结构模式。

结构教育模式的基本教育过程为：整体——分析——组合——结构——转换。

结构教育模式应理解为结构水平的教育模式。在具体运演阶段、形式运演阶段、直觉运演阶段的教育模式都必须融合、包容于结构教育模式中。而且，结构教育模式必然是渊源、孕育于上述教育模式之中的，在直觉运演水平上的教育应该提前重视结构教育模式。

3．综合模式

发展认识论的研究指出，从20～23岁阶段到24～28岁阶段，人的认识可能达到综合运演阶段，这相当于研究生（硕士、博士）时期。在这一阶段要发展智慧，关键是重视多学科的综合。要创造性地解决人类尚未解决的较重要的问题，需要多学科的综合。在方法上，需要在系统基础上的综合分析法：既有静态的综合分析，又有动态的综合分析；既有定性的综合分析，又有定量的综合分析。

综合运演阶段（研究生时期）所对应的教育模式的特点是综合分析，在创造中学，简称综合教育模式或综合模式。

综合教育模式的基本教育过程为：问题——发散——收敛——综合——创造。

综合教育模式应理解为综合水平的教育模式。人类所面临的问题如环境问题、能源问题、人口问题、粮食问题、灾害问题等都需要多学科综合才能较好解决。解决重大问题，既需要直觉思维，又需要掌握多学科的逻辑结构，将学科进行综合才能有更大的创造。

基础教育模式与创造教育模式是相互联系的。创造教育模式中的直觉模式、结构模式、综合模式更是紧密联系，不可分割的。在应用中，只有遵从模式变换原理，才能较好地达到创造的目的；只有遵从模式孕育原理，才能较好地得到发展；只有遵从模式包容原理，才能较好地发挥整体功能。

4. 体系模式

发展认识论的研究指出，对于26～30岁阶段以上的各类专门人才，其认识可能进一步达到体系运演阶段，这相当于专家时期。杰出的专家要作出一流的贡献，具有创造性思维，同样需要不断发展智慧，其关键是要形成新的思想体系。

体系运演阶段（专家时期）所对应的教育模式的特点是比较包容，在发展中学，简称体系教育模式或体系模式。

体系教育模式的基本教育过程为：课题——理论——比较——包容——发展。

学无止境。所以，对于创造教育模式而言，除了研究直觉模式、结构模式、综合模式之外，研究体系模式仍是非常必要的，对于专家应从构建体系上做出高标准的要求，使之作出更大的贡献和创造。

（三）学科教学模式

根据学科分类，可把课程分为五类，即思维科学、自然科学、人文科学、社会科学和综合科学，而所对应的教学模式为：认知模式、行为模式、个性模式、群体模式和交叉模式。

1. 认知模式

思维科学类的课程如语文、数学和逻辑学等学科课程，主要是指运用逻辑方法和分析方法进行学习，其教学模式为认知模式，特点为接受信息、循环地学；以学术为核心，重视理论。

2. 行为模式

自然科学课程如物理学、化学、天文学、地学、生物学和体育等学科的课程，主要运用观察、实验、经验和模拟等方法进行学习，也常采用逻辑方法和教学方法，其教学模式为行为模式，特点为刺激强化，在反馈中学；重视应用，以技术为中心。

3．个性模式

人文科学课程如文学、艺术、音乐、美术和美学等学科的课程主要用审美方法和心理学方法进行学习，其教学模式为个性模式，特点为审美立美、乐教乐学；重视个性、形象、体验、情感、陶冶，以艺术为中心。

4．群体模式

社会科学类课程如经济学、社会学、法学和管理学等学科的课程，主要用调查、统计和管理等方法进行学习，其教学模式为综合交叉模式，特点为调查讨论，在参与中学；重视社会，以群体活动为中心。

5．交叉模式

综合学科类课程如哲学、教育学、史学、地理、系统科学等学科的课程，主要运用系统方法、历史方法等方法进行学习，其教学模式为综合交叉模式，特点为交叉渗透，在发展中学；重视综合，以创新为中心。

（四）活动课程教学模式

活动课程指的是为指导学生主要获得直接经验和即时信息而设计的一系列教育性交往中介的学生主体性活动项目及方式。由于活动课程和学科课程具有同构性，它们的教学模式也具有相通的结构，可以移植。因此，可以根据学科课程的五种教学模式对应地构建活动课程的五种教学模式。

活动课程教学模式的主要特征为设计活动，在参与中进行学习。参与的方式有探究、变革、审美、交往、评价，五种模式在应用时应结合起来，只有形成整体效应，才能发挥强大功能。

（五）潜在课程的教学模式

潜在课程指的是通过教育环境（包括物质的、文化的和社会关系结构的）有意或无意地传递给学生的非公开性的教育经验（包括学术的与非学术的），其教学模式也可以采用“同构移植法”。

潜在课程的教学模式和主要特征为创设环境，隐蔽（感染、熏陶）

地学，其主要方式有暗示、感召、移情、认同、熏陶，五种模式也应结合起来，只有形成整体效应，才能有强大的功能。

（六）教学论教学模式

教学论是研究教学客观规律的一门科学，主要研究教师、学生和课程之间的相互作用。根据这种相互作用的不同，可得出五种与教学论有关的教学模式，即问答模式、授课模式、自学模式、合作模式和研究模式。

教学论教学模式是一个发展系统。学生的主体性或主动性逐级增强，教师的主导作用就会越来越复杂、越来越深化，对教师的素质要求也会越来越高，每一种模式都有其特点和应用范围，将不同的模式适当地组合起来，可发挥更优化的功能。

（七）学习论教学模式

学生是学习的主体。根据学习论由浅入深地概括，可以得出兴趣、背诵、跃迁、探索和传授五种学习模式和教学模式。

学习论中有一条重要原则：只有学习最感兴趣的东西时，学生的学习效率才最高。而要有兴趣，就得明确意义。要获得学习成功，就应当明确该课程或学科的价值、意义，而这些只有通过师生间的信息交流、情感转移才能得以实现。兴趣模式就在于“明确意义，增强兴趣”，允许尝试。一旦尝试成功，便会兴趣倍增。兴趣是最好的老师，从兴趣中学，对学生学习也是极其重要的。

记忆是发展认知的基础。背诵模式是很重要的学习模式。从信息论的观点来看，只有新旧信息互相碰撞，才能产生信息的增值和创新。因此，科学、高效地进行背诵非常必要，背诵模式的特点是主客交融、从记中学。只要创设一定的环境和氛围，让学习的主客体相互交融，就会使学生产生兴趣，让其记忆变得生动有趣。

学习要获成功，既要循序渐进，又要适时地跃迁创新。跃迁模式是很重要的教学模式，只有跃迁，才能突破简单重复，登上学习的新台阶。

（八）艺术论的教学模式

教学也是一门艺术，是一门特殊的艺术。从教学艺术论研究教学模式，可以演绎出趣味、形象、和谐、奇异和幽默五种模式。

趣味模式源于情感转移原理。人与自然、社会、他人之间可发生情感转移。教师利用该原理进行教学，就是把自己对学科或课程的热爱成功地转移到学生身上，通过多种渠道和多种方法，引起学生兴趣，激发学生的学习热情，让学生产生学习的愉悦，达到“如沐春风”之境，从而主动地学。

形象模式源于“情景说”，景生情，情生景，二者相辅相成。含情而能达，会景而生心，体物而得神，情、景之间的信息不断反馈，实现两者相互转移。设置生动形象的“情景”，可增强教学效果。形象模式的特点：情景生动，形象地学。只有以形象为起点，才能形成形象思维和抽象思维。因此，不论学习哪一门科学，形象模式都是很重要的。

和谐模式源于“和谐原理”。在教学中充分考虑知识、能力、情感，引导学生产生强烈的师生、生生共鸣，即可达到和谐之境。因此，该模式的特点为引导协作，和谐地学。

奇异模式源于“奇美原理”。奇异与和谐相配，方能圆满。高超的教学必须是既和谐又奇异，奇异模式的特点为富有魅力，奇异地学，教学要有发展、有创新，就得借助思辨、变异，独辟蹊径。

幽默模式源于“多样统一”原理。幽默是一种艺术，其形式多种多样。幽默出智慧，生风趣，可以在师生之间形成融洽的气氛，带来学习的情感。因此，幽默，尤其是高超的幽默正是高水平的教学艺术，幽默模式的特点为机智风趣，智慧地学。

（九）技术论的教学模式

教学模式与生产方式有关，有什么样的生产方式，就有相应的教学方式。因此，从技术论可以演绎出游牧、农业、工业、信息和智能五种教学模式。

教学是艺术也是技术。在科技高度发展的今天，产生了一门教学技术学。技术处于科学与教学的中介，因此，有必要从技术论的角度研究教学模式。

游牧模式的特点是追随成人，自然地学。其教学媒体是人，主要是身教言传。农业模式适应农业生产方式，教学主要是个别传授，该模式的特点为个别传授、因材施教。

工业模式适应于大规模机器生产和教育的普及、发展，出现了班级教学。其特点是班级教学，统一要求。教学媒体除言传身教、教材图书，更有了实验实习、视听媒体、图表模型等。

信息模式适应于信息社会的巨大进步。信息社会的重要技术标志就是电脑的广泛应用。应用各种交互媒体开展教学，可使学生主动地、自由地选择信息，通过交互式“对话”，择其所需，减少工业模式中的“无效学习”。信息模式的特点即信息教学，双向选择，其教学媒体更加多样化。除了教师言传身教、教材、参考书刊、影像资料、实验实习等，又新增了应用电脑的交互媒体和多种软件。

智能模式是伴随人工智能学科的逐渐成熟、因特网络的迅速扩充、信息模式的发展而出现的，其特点是人机对话，在网络中学，其教学媒体更加丰富多彩，又增加了网络化的媒体。

四、选择教学模式的策略

从上述分类来看，每种教学模式都建立在一定的教育理念、理论、观念和逻辑结构的基础上，都有其特点或适用范围以及基本的教学过程。这样，就有一个选择的问题；有时，还可能采用两种或两种以上模式的问题，这就又有一个优选优组的问题。因此，在优选优组教学模式时要讲究策略。一般应考虑以下问题：①所选择的教学模式应当反映一定的教学理念、理论和教学观；②所选择的教学模式应当体现确定或强调的教学目标，具有可调控的教学策略和可操作的程序；③所选择的教学模式应当适合学生的学习水平和学习风格；④所选择的教学模式应当适合其使用范围，并能发挥其特点等。

第二节　教学方法内涵

一、教学方法的分类

从不同的角度，按照不同的分类方式可以将教学方法分为不同的类型，比较常见的有以下几种分类方式。

(一) 根据教学方法实施主体的分类

按照实施主体的不同，教学方法分为教师的“教”法和学生的“学”法。属于教法的有讲授、演示等，属于学法的有听、记、练习、观察等。

因此，学者在“以学生为主体”的教育教学理念指导下，从“学”的方法的分类导出与之相应的“教”的方法，即模仿的学习方法——示范教学方法；抽象概括的学习方法——概括教学方法；解决问题的学习方法——求解教学方法；逻辑推理的学习方法——推理教学方法；总结提高的学习方法——反馈教学方法。

还有学者根据教和学在不同的教学活动中的地位与作用，将教学方法分为教师中心的学习方法，如讲授、提问、论证等，此时师生的语言交流是单向的，即从教师到学生。

师生相互作用的学习方法，如班级讨论、小组讨论、学习等。这种方法利用师生之间、生生之间的信息交流，对于认知领域较高水平的学习（分析、综合、评价）和所有情感领域的学习特别有效。

个体化的学习方法如程序教学、单元教学和计算机教学，这类方法适应学生学习的不同速度，有规则地、及时地提供反馈信息以促进学习进程。

(二) 根据教学方法所属的不同层次的分类

对我国教学理论中各种各样的教学方法进行分析、比较和概括，可以发现，教学方法具有三个层次：①原理性教学方法。其最大特点是为具体教学方法提供理论指导，本身不具有操作性。②技术性教学方法。诸如讲授法、讲述法、讲解法、讲演法、谈话法等，每一种方法都适用于学校各科目或几个科目的教学。③操作性教学方法。这是具体到学科中各自具有的特殊教学方法，如劳动技术课的工序教学法、外语课的听说教学法等，它只适用于特定科目教学，具有与各科目的教学内容相结合的基本固定的程序和方式，教师一旦掌握便可立即操作应用。

（三）根据教学方法的形态分类

这是我国教学论中常用的一种分类，它以学生认识活动的不同形态作为分类标准，主要包括以语言传递为主的教学方法（包括讲授法、谈话法、讨论法、读书指导法等）；直观演示的教学方法（包括演示法、参观法）；实际训练的教学方法（包括练习法、实习法、实验法）；情境陶冶的教学方法。

（四）根据学习的不同结果分类

根据学习的不同结果，可以将教学方法分为使学生获得明确观念的教学手段；提出新的或不同材料的教学手段；告诉学生怎样做的教学手段；影响或改变态度、思想、鉴赏力的教学手段；使学生产生安定感的教学手段；激发动机的教学手段；评价或测定的教学手段；激起、引导或缓和感情的教学手段。

（五）根据活动过程的分类

教学活动的过程主要有引起、调整、控制三个因素，教学方法可相应地分为三大类：教学认识活动的组织和进行的方法（知觉、逻辑认识、实习）；刺激和形成学习动机的方法（兴趣、责任）；检查方法（口头的、直接的、实际操作的）。

此外，依据教学方法形态的分类：按照教学方法的外部形态及学生认知活动的特点，把教学方法分为五类，即以语言传递信息为主的方法、以直接感知为主的方法、以实际训练为主的方法、以欣赏活动为主的方法和以引导探究为主的方法。以学生认识活动的不同形态为依据，分为四大类：以语言传递为主的方法（讲授法、谈话法、讨论法、读书指导法）；以直接知觉为主的方法（演示法、参观法）；以实际训练为主的方法（练习法、实验法）；以陶冶为主的方法。

二、教育教学方法的依据

教育教学方法是指具有“教育特色的教学方法”。因此，教育教学方法既要符合教学方法的一般规律，又要有别于其他教育类型的教学方法，如普通高等教育的教学方法、基础教育的教学方法。为此，必然要为教育教学方法的研究寻找切实的依据，主要包括以下两个方面。

（一）教育的培养目标

“为生产、服务、管理一线培养高素质技能型人才”是教育的培养目标。

教育的任何一方面都必须紧紧围绕这个目标进行，教育教学方法也同样如此。高等职业教育的教学方法取决于培养目标的定向性、课程内容的实用性和教学过程的实践性，其研究的重点应当落在操作性教学法的改革与实践上，其实施方法应该引起研究者足够的重视。与传统的以学科知识传授为主线设计的普通教学方法不同，教育教学更强调“应知、应会、应做”，更注重“专业技能教学”。由此，教育教学方法要符合教育的培养目标，突破长期以来教育对普通高等教育教学方法的简单模仿，拓展、开创能培养学生职业能力和岗位技能的教学方法。

（二）教育的课程特性

教育的课程具有“柔性”特质。“以就业为导向”的教育必须具备对市场的动态响应机制，及时反映出市场的动态需求，调整人才培养方案，以实现人才培养目标。课程是市场需求与培养方案的转换器，是连接市场与学校的桥梁。因此，市场的动态性内在地设定了课程体系的柔性，具体分为以下几个方面。

1. 扩展柔性、产品柔性与课程体系

扩展柔性是指当生产需要的时候，可以很容易地扩展系统结构，增加模块，构成一个更大系统的能力。产品柔性一是指产品更新或完全转向后，系统能够非常经济和迅速地生产出新产品的能力；二是指产品更

新后，对老产品有用特性的继承能力和兼容能力。

2. 工艺柔性、运行柔性与课程实施

工艺柔性包含两个方面，一是工艺流程不变时自身适应产品或原材料变化的能力；二是制造系统内为适应产品或原材料变化而改变相应工艺的难易程度。运行柔性是指利用不同的机器、材料、工艺流程来生产一系列产品的能力和同样的产品换用不同工序加工的能力。

工艺柔性与运行柔性在课程中主要体现为课程实施环节。课程实施也就是按照课程目标将课程内容付诸实践的过程，从狭义上来理解就是教学。

可见，教育的课程体系及课程实施都与高等教育有较大的区别，由此决定了教育教学方法必须符合教育的课程特性，确保课程目标的有效实现。

三、教学方法的基本理念

（一）以学生为中心

教育的人才培养目标及教育的课程特性内在地设定了教育是一种以学生能力发展和技能获取为本位的教育。因此，教学方法必然遵循“以学生为中心”的基本理念。这可以从以下三个层面来解析。

1. 哲学层面

“以学生为中心”的教育教学方法的基本理念是建立在“以人为本”的哲学理念基础之上的，“以人为本”是人本主义哲学的核心思想。

按照人本主义哲学“以人为本”的理念，在教育教学层面具体化为“以学生为本”，即教学方法必须体现“以学生为中心”的思想。在人本主义哲学视野下，教学的目的是促进人的“自我实现”，发展人的潜能，提倡情知教学，在教学中注重学生的自我评价：在教学内容上强调学生的直接经验，强调外在的科学知识与内在经验和情感的统一；在教学方法上主张以学生为中心，放手让学生自我选择、自我发现，强调课堂教学与实际生活的统一。教师的主要任务是引导和促进学生主动地学习，让学生学会如何思考、感受与体验，并从中发现人生的真谛与价值。在教育教学中，学生的学习体现出更多的主动性、实践性，学生能力以及综合素质的发展成为教学方法的依据。

2. 心理学层面

在心理学层面，人本主义学习理论为教育教学方法“以学生为中心”的理念提供了心理学依据。

人本主义学习理论认为学习是丰满人性的形成，其根本目的是“自我实现”，学生是学习的主体，应当受到尊重；人际关系是有效学习的重要条件。人本主义学习观有这样几个特点：一是自主性，即学习是个人主动发起的，学生内在的思维和情感活动极为重要；二是全面性，即个人对学习的整体投入不仅涉及认知方面还涉及情感、行为、个性等方面；三是渗透性，即学习不单对认知领域产生影响，而且对行为、态度、情感等方面发生作用。

可见，在人本主义学习理论框架下，教育的培养目标只有通过“以学生为中心”的教学方法才能实现。因此，有学者认为，以学生为中心的教学方法的有效实施是贯彻以能力为本位培训的必要保证，是使学生平等参与的能力得到培养和鉴定的评价过程，其设计一定要遵循平等参与的原则，从而建立一种公平、公正、公开的平等参与意识。另外，要考虑学生健康与安全的要素，充分体现对生命的珍视。通过以学生为中心的教学方法的运用，培养教师和学生“以人为本”的思维方式和行为模式，让一切教学活动的组织安排围绕学生需求及其能力塑造而开展。

3. 教学论层面

“以学生为中心”的教学观是人本主义哲学理论在教学论领域的具体化。“以学生为中心”的教学观主要体现在以下几个方面：

第一，在教学过程上认为教学过程既是教师教的过程，又是学生学的过程，更重要的是学生的学习过程应关注学生学到了什么。

第二，在教师和学生在教学过程中的角色上，认为学生在教学过程中处于中心地位，是教学的主体。学生应该积极主动参与学习的过程，对自己的学习负责，教师对学生的学习起指导、引导的作用。

第三，在学习内容上强调“以学生为中心”的教学要与将来所从事的工作和学习相关联，即面向应用，培养胜任岗位工作的能力。学生不仅要学习知识（理论），还必须获得实践技能并会运用这些技能，发展自己的通用能力。

第四，在教学方法上，提倡教师设计丰富多彩的教学活动，实现学生积极主动参与，体现学生是教学的主体。学习的场所不仅仅在学校，还应该有计划地安排学生到工作现场学习、实践，到社会中进行调查研究。

第五，在学习结果的考核评估上，“以学生为中心”的教学评估目的是考核学习解决实际的能力，主要采取“任务法”，用具有实用背景的任务全面评估学生学到了什么专业能力，评估通用能力的发展水平。

可以看出，在教学论层面，“以学生为中心”的理念体现在对教学过程、教学内容、教学方法以及教学评价的各个方面，特别是在教学方法的设计和选择上，是否坚持“以学生为中心”直接反映教育教学的理念，是否体现了“以人为本”的哲学思想，直接关系到教育人才培养目标是否真正实现。

（二）以能力为本位

教育是培养高素质技能型人才的教育，由此，根据教育兼具高等性、教育性、职业性“三重”特性的特点，结合教育的人才培养目标，应力图提出“以能力为本位”的教育基本理念，而教育教学方法也正是以这一具有特性的理念作为其依据的。

1. 能力

能力是人的综合素质在现实行动中表现出来的正确驾驭某种行动的实际本领、能量和熟练水平，是实现人的价值的一种有效方式，也是左右社会发展和人类命运的一种积极力量，它包括体力、智力、道德力、审美能力、实践操作能力等一般能力，从事某种专业活动的特殊专业才能和为社会贡献的创造能力。

2. 能力本位

能力本位就是指在教学中，学生的一切学习活动都是以提高能力为目标。学生的学习活动应当首先提高学习的能力，并把所学的知识通过脑、心、手的联合作用在轻松愉快和潜移默化的过程中，不断地内化为能力，增长才干。能力本位要求充分正确地发挥人的能力，这里的“正确发挥”是指能力发挥的性质、方向、方式和目标。这自然要求以道德为前提，因此，强调能力本位，也强调人的努力、道德品质和绩效。

有什么样的理念，就有什么样的教学方法。在知识本位教育理念下，教学方法强调知识的传递和知识的论证；在能力本位教育理念下，教学方法则强调能力的获取和能力的发展。因此，教师对教学目标的追求是指导学生寻找得到这个结果的途径，最终通过自身的努力得到这个结果，在此过程中培养学生的各种能力。这里所指的能力不仅是知识能力或者是专业能力，还有获取新知的方法能力，同时还涵盖了与人合作、交流、表达的能力，设计实现人生计划的社会能力。这三个维度的能力通过相互联系、相互作用，共同构建起全方位的行动能力。

(三) 以发展为目标

以发展为目标是指学生在原有基础上可持续地终身发展，这是“以学生发展为本”的内涵的核心。结合古今教育家的相关理论，在教育教学中，坚持“以发展为目标”主要包含以下涵义。

1. 教学应当以学生的发展为目的

所谓“发展”，就是在教学中让学生的自然本性得以符合自然规律的发展，即注重在教学过程中发展学生的心智。发展性的教学不仅要发展学生的能力，同时也要培养他们坚定的信念、崇高的道德情感、坚强的性格，形成他们的个性。

2. 教学应先于发展

教学只有依靠成熟的机能，才能推动教学进度的发展，教学创造最近发展区，之后最近发展区则转化到现有发展水平的范围之中。只有当教学先于发展时才是好的教学，因此，教育学生应当以学生发展的明天作为方向。

3. 教师的任务就是促进学生的全面发展

“全面发展”是素质教育的一种教育目标和要求，也是其他教育形态的一种教育目标和要求。它身上带有浓浓的教育管理色彩，从一定意义上讲，它通过一种教育行政要求制订一个教育目标，用一种发展模式表达对教师发展前景的一种期望。全面发展教育是为了促使人的身心得到全面发展而实施的教育，人的全面发展学说是马克思主义教育思想中的一个重要原理，它是指导全面发展教育的世界观和方法论，是教育改革的指导思想，是制定社会主义教育的方针和教育目的的理论依据。教育与人的发展问题是教育的永恒主题，为学生的发展而教育是教师必须确定的核心理念。

只有每位社会成员的个性得到充分发展，其创造才能有效开发，才能促进社会的全面进步，教育教学同样如此。

四、教学方法的主要特点

（一）教学方法选择的多样性

教学方法的选择具有多样性，具体而言，教学方法的选择可以从以下几个方面考虑。

1. 根据教学过程的任务选择

围绕教学过程任务所实施的教学方法，一般有这样一些类型：传授知识的方法；形成技能技巧的方法；巩固知识、技巧的方法；教学生应用知识的方法；检查学生知识、技能和技巧的方法。

2. 根据学习刺激方式的差异选择

根据现代教育观念，学生是教学的主体，教师的主要作用在于想方设法刺激、调动学生的学习积极性和学习兴趣。通常运用的教学方法有以下几种：①呈现方法，即把学习内容直接呈现给学生，如讲授、演示等；②实践方法，即用分析问题、解决问题提供学习刺激，学生通过操作进行学习；③发现方法，即通过情境引导学生发现结论，例如，孔子采用的讨论法等；④强化方法，即对学习结果的特定行为进行强化，如行为矫正、程序教学等。

3．根据教学方法的外部形态和这种形态下学生认知活动的特点选择

教学方法是指在一定教学理念支配下，运用某种教学手段而展开教学行为，物化为一定的外部形态。常用的方法有以下几种：其一，以语言传递信息为主的方法；其二，以直接感知为主的方法；其三，以实际训练为主的方法；其四，以欣赏为主的方法；其五，以引导探究为主的方法。

4．依据师生共同活动的性质选择

根据教学过程中不同教学活动的性质，运用系统论对我国教育现行常用的众多教学方法予以归类，大致可分为以下几点：其一，师生认识活动方法系统，如讲授法、谈话法、演示法等；其二，师生实践活动方法系统，如练习法、实验法、参观法等；其三，师生评鉴活动方法系统，如鼓励法、陶冶法、欣赏法等；其四，师生交往活动方法系统，如交往指导法、小组讨论法、班级交流法等。

5．根据教学内容选择

这是我国现代教育常见的选择类型，尤其是在教学中，教学内容分为实践教学、理论教学两大部分，教学方法也随之不同：其一，理论教学方法，如讲授法、演示法、程序教学法、引导提示法、实验教学法、讨论法等；其二，实践教学法，如练习法、案例法、模拟法、四步教学法等。

（二）教学方法设计的综合性

课程的事实具有复杂性，特别是在工学结合的背景下，课程进行了基于工作过程的课程体系改革，由此，课程的内容与结构都发生了较大的改变，因而在教学方法的设计上要体现综合性，以满足课程实施的需要。

一方面，要根据课程目标将各种教学方法进行优化整合，教学方法

设计的目的是最大限度地实现课程目标。在教学中，课程目标又具有复杂性，既有知识目标、能力目标，又有态度目标。因此，根据不同的目标，需要以不同的教学方法进行支撑，并且确保各种教学方法能够有效配合。

另一方面，要根据学生实际，将各种教学方法进行合理改造。教学方法的设计不仅要考虑课程目标，同时还需要考虑学生的实际。因为教育的理念是以学生为本，教育最重要的目标是让学生受益，最大限度地促进学生的发展。因此，学生是教学方法设计的重要依据。学生具有个体差异性，小组教学是较为常见的教学组织形式，因此，教学方法的个别性较为明显。这就要求在进行教学方法设计时，要根据不同类型学生的特点，综合设计各种教学方法，以适合不同学生的需要。

（三）教学方法运用的灵活性

“相机”的本质含义就是灵活地运用教学方法。就教育而言，教学方法的设计与实施之间仍然存在差距，因此，在教学方法的运用过程当中，需要体现灵活性。这主要基于以下原因：

一是学生具有主观能动性。对于同样的教学内容，设计的教学方法与实施的教学方法之间具有一定差距。因为就设计而言，教学方法是相对稳定的，而学生是具有主观能动性的个体，在教学过程中，需要教师在教学方法的运用过程中，灵活操控各种教学方法，以适应学生的客观实际。

二是学生具有个体差异性。学生是具有个体差异的，不同的学生对同样的教学方法有不同的适应性。因此，在教学方法的运用过程中，要根据学生的个体差异因材施教，只有如此，才能最大限度地促进学生的发展。

五、教学方法的理论基础

（一）教育学基础

教育属性是教育的三大属性之一，因而教育教学方法的研究与实践必然要以教育学为基础。就教育而言，与其教学方法构建直接相关的理论基础主要包括建构主义教学观、主体性教育理论。

1. 建构主义教学观

建构主义认为，世界是客观存在的，但是对于世界的理解和赋予的意义都是每个人自己决定的。学生通过已有的认知结构（包括原有知识经验和认知方法）对新信息进行主动加工而建构成的。由于学生的经验以及对经验的信念不同，于是学生对外界世界的理解也是各不相同的。因此，这种学习更加强调学习的主动性、社会性、情境性、协作性。所以建构主义关心的是创设一个什么样的情境，如何以学生原有的经验、心理结构和信念为基础来构建知识。

建构主义的教学模式设计通常有两大部分：一部分是学习环境的设计，另一部分是自主学习方法的设计。环境的设计实际上是要求设计出能提供一种有利于学生自主建构知识的良好环境。另一方面，由于建构主义理论的核心是学生的“自主建构”，这就要求学生应具有高度的学习主动性、积极性。这就要靠自主学习方法，包括支架式、抛锚式、探究式、启发式、自我反馈等，这些自主学习方法可以有效地激发学生的主动性和积极性，诱导学生自主学习、自主建构。

根据建构主义教学理论，在教学过程中，学生的使命是充分利用学习资料，自主性地学习，加强学生之间的协作与对话，建构自己完整的学习知识体系。教师则被定义为学生自主学习的一个最有益、最有利、最有力的“教学工具”，他们引导学生自己学习，规范学生的学习行为。此外，建构主义学习理论还特别强调创设情境，学习环境中情境必须有利于学生对所学内容的意义建构，即要为学生提供真实的现实世界知识，学生知识的获取与同化总与特定的情境相关。

2. 主体性教育理论

所谓主体性教育理论是根据社会发展的需要和教育现代化的要求，教师通过启发、引导，创设和谐、宽松、民主的教育环境，有目的、有计划地组织、规范各种教育活动，从而把学生培养成为自主地、能动地、创造性地进行认识和实践活动的社会主体。主体性教育是一种培育和发展学生的主体性的社会实践活动，其具有以下特征。

（1）科学性。主体性教育认为，学生既是教育的对象又是教育活动的主体，在他们身上蕴藏着丰富的学习、发展的潜能。教育的作用就在于根据学生学习的客观规律，引导学生通过积极思考和独立活动，把人类的认识成果转化为学生的知识财富、智力和才能，转化为全心全意的思想观点，使学生具有合理的知识结构、智力结构和方法结构。

（2）民主性。主体性教育的民主性主要表现在两个方面：一是把教育变成一种民主的生活方式，尊重学生的主体地位，让学生得以生动活泼、自由地发展。为提高学生的民主意识和参与能力，发挥学生的主体作用创造良好的教育环境。二是要实现教育内容民主意识的渗透和学生民主思想、民主精神、民主参与能力的培养，以民主化的教育造就一代主体性的新人，充分体现了教育民主性原则。

（3）活动性。学生主体性的发展是以活动为中介的，学生只有投身各种活动，其主体性才能得到良好的发展。也就是说，活动是影响学生主体性发展的决定因素。从某种意义上讲，主体教育就是精心设计各种教育活动，使影响学生主体性形成和发展的各种因素达到优化，使各种不同的活动形式和决定它们的诸多条件相互促进、紧密结合，从而对学生的身心发展发挥主导作用。

（4）开放性。主体性教育的开放性表现在学校教育系统与整个社会生活的紧密结合上，它要求把学生从课堂引向广阔的社会，通过课外、校外活动和社会实践活动丰富他们的知识，开阔他们的视野和思维，从而加速学生主体性的成熟过程，缩短对社会生活的适应期。

可见，主体性教育理论充分体现了“以学生为中心”的教育理念。对于强调实践性与应用性的教育而言，主体性教育理论体现了学生的主体性地位，有利于人才培养的教学目标的实现，也充分奠定了教学的理论基础。

（二）心理学基础

1. 认知心理学

就认知过程而言，现代认知心理学把人的认知过程定义为人脑的信息加工过程，它是一组相关的心理活动。包括感知、记忆、注意、思维、学习和言语等一系列认知心理活动。教育是应用型和技术型教育，在课程结构上，实践操作的课程比例普遍达到50%以上。从认知心理学的角度来看，教育的这一特性符合人的认知规律，有利于学生高效率地进行学习。因此，强调手、脑并用，注重实践操作性的教学方法符合认知心理的规律和教育的特性。

就知识的定义而言，现代认知心理学将知识定义为：个体通过与其环境相互作用后获得的信息及其组织。个体的知识又可分为陈述性知识（指个人具有有意识地提取线索，因而能够直接陈述的知识）和程序性知识（指关于进行某项操作活动的知识，即技能）两类。根据认知心理学对知识的分类，教育的职业属性决定了教育更注重程序性知识的教学。因此，相应的教学方法也应符合程序性知识教学的特殊要求，要有别于陈述性知识的教学。

这类教学方法注重学生的积极参与，围绕某一课题、问题或项目开展教学活动，使学生达到会学习、独立操作、独立解决问题的目的。同时，它十分强调和注重对学生的学习动机的激发和学习兴趣的培养，它将学生学习的内在动机（如爱好、志趣、好奇、求知欲等）、利益动机（如前途、奖酬、发展条件等）、社会动机（如集体的荣誉、团队的期望、角色的价值等），通过情境的创设，可将学生对新知识或技能的初步尝试、应用、评价、再实践等因素有机地组合起来，从而改变了他们的信息接收、知识学习、技能提高的习惯，收到了很好的学习效果，提高了学习效率。

2. 多元智能理论

多元智能理论的提出全方位地揭示了人类智能的奥秘，成为突破传统单纯知识型教育的重要理论基础。在多元智能理论的支持下，教育逐渐清晰了自身的定位，确立了职业教育作为一种独立的教育类型在教育体系中的地位。由此，教育培养高素质技能型人才的培养目标的实现有了心理学依据，并催生了具有特性的教学方法。

第二章　多视角下的课堂教学方法

第一节　课堂教学准备的方法

一、教学准备方法的内容

教学准备方法的内容，因为不同的学科、不同的年级、不同的地域环境而有所不同，但是，从教学需要出发，有些方面是共同的，主要有如下几个方面：①了解学生的认知准备状态。通过“了解学生”，从多侧面了解接受课堂教学的学生对完成新学习任务必需的知识、技能掌握的程度，对于所要学习的内容的熟悉程度，对于学习内容的兴趣怎么样，对新的学习内容有些什么要求，为制订课堂教学方法和实施方案提供依据。②深入研究教学内容。教师在课前必须对所要教学的内容进行深入的钻研。不仅要认真研究教材所规定的教学内容，还要研讨相关的教学参考资料、有关的校本教学资料、了解和收集可为该教学内容教学时所用的各种音像资料，必要的时候还应该考虑学生手头拥有的由家长为他们购买的各种教辅材料，为确定教学重点、难点，制定教学目标作准备。③确定教学目标。这里所说的教学目标包括教师教的目标和学生学的目标。在制定该教学内容的教学目标之前，既要考虑到课程标准和教材的要求，又要注意到学生的具体实际，还要考虑到教师自身的特点。在具体的准备阶段，教师必须注意分析学生从起点状态过渡到终点状态应掌握的知识技能或应形成的态度与行为习惯，考虑用什么教学方式方法给学生呈现教材，采取什么样的途径为学生提供学习指导，考虑用什么方法或手段引起学生对教学内容的积极反应，通过什么形式和内容组织和引导学生进行训练和实践。这些问题考虑清楚了，后面的课堂教学活动的组织与实施，才能有的放矢。④课前教学活动的设计。在当前强调课内外结合、使教学内容生活化、让学生获得特殊的体验、培养学生的创造精神和能力等的背景下，在课堂教学的准备阶段，教师必须考虑课前活动的设计和组织、开展的方法，诸如课前预习、观察活动、生活体验、探究实验，等等。⑤教学方案的设计。这是课堂教学准备方法的核心内容，其他的准备工作在一定程度上都是为这项准备方法服务的，也是把各种准备方法进行整合，通过书面的表达形式呈现出来。在这一准备阶段需要教师在新教育理念指导下，统筹考虑，对此前的其他准备工作和结果进行综合评估，然后按照教学设计的内容和形式的具体要求，科学而又合理地进行构思、协调，形成能够用于课堂教学实践的实施方案。

此外，作为教师还应该在教学准备方法阶段考虑分析和研究教师自身对于教学内容、对于教育对象的情感，像如何讲究教学民主、如何增强教学的亲和力、如何提升自己的教学信心、如何以强烈的情感影响学生等都会在教学过程中对学生的学习和训练产生作用。

二、钻研教材

教材又称之为教本，是教学之本。它不仅受培养目标的制约，体现了先进的教育理念，贯彻了课程改革精神，同时还有其自身的逻辑体系，在制定准备方法的过程中首要的是钻研教材。

（一）钻研教材的内容

随着教育、科技、文化事业的快速发展，教材应该包括以下内容：①教材。即所谓教本，按照三级课程体系的要求，是由国家制定学科标准，提供编写教材的内容、目标、原则、要求，由省教育行政部门和教科研部门组织编写教材或者确定所选择使用的教材版本。②教学参考书。有的地方又称之为“教师用书”，教学参考书和课程改革中出现并使用的国标本教材配套，同时还配合电化教学。③教具和学具。由出版教材的出版社、编写教材的省教研室、负责配备教学器材的教学部门或单位制作的，供教师教学或学生学习、实践的器材。④实物标本。实物是与教学内容相关的，与学生生活相联系的实实在在的物体。标本有的是教师专门准备的，有的是学校实验室存放的，有时还可以在课前由教师或有意识地组织人员专门选择材料特地制作。⑤课程标准和教学计划。学科课程标准由教育部组织制定，作为国家课程的载体，也是教师所使用的教材的总纲和灵魂。备课时心中应该始终注意到课程标准所提出的原则和要求，在此框架下阅读和理解教材内容。

（二）钻研教材的方法

钻研教材是备课的关键环节，是设计教学方案的重要依据，也是提高教学质量的基本保证。钻研教材一般是按照从全局到局部的顺序进行。

1．学习课程标准，通读所任教阶段全套教材

了解课程设置、学科教学的基本要求，有助于加深认识学科在该教育阶段中的地位和作用，正确理解学科的性质和教学任务。通读整套教材可以了解学科教材的全局，明确全套教材的思想内容、知识范围、基本功训练要求、编排特点以及各年级教学内容之间的联系。如果有条件的应该阅读在某一教育阶段该学科的全部教材，因为作为某一教育阶段的某一门学科的教师，要使得自己的教学更具有针对性，自然要知道学生已经学习过哪些知识，掌握了哪些技能，然后才能以此为基础制定切合学生实际的教学方法。

2．研读全册教材

关于某一册教材的编写意图、特点和要求，在一般情况下，编者会通过教学参考书或其他方式进行介绍。教师可以用它作为进一步钻研本册教材的线索，具体了解全册教材的教学要求、内容、结构，以便凭借教材，落实各项教学要求，全面完成教学任务。钻研全册教材应明确以下问题：一是深入研究教材的体例和内容的构成情况；二是研究该册教材的主要特点；三是了解各组教材的内容和主题。无论哪册教材都有自

己教材的体例和特点，在接到教材后，应该先弄清楚全书的内容、体例、结构、特点，然后，再深入研究其中的具体板块内容和特点。

3. 钻研一组（单元）教材

通过对一组（单元）教材的钻研，在全面了解该单元基本内容的基础上，准确地把握该组教材所要求完成的基本功训练项目，教材所设计的学科技能训练的步骤和方法。无论哪一个学科的教师，在教学的准备阶段都应该以将要教学的这一组（单元）教学内容为单位综合研究教材。在着手研究单节课教学内容之前，要通过对一组（单元）教材的研究，了解该组（单元）基本功训练的重点、要求。在此基础上，进一步了解每节课和本组（单元）训练重点的关系，明确每节课的训练要求。只有认真钻研和深入了解了这一组（单元）相关项目之后，才能取得教学准备的主动权。

4. 深入钻研每一节课的教学内容

每一节课的教学内容既是一册教材和一组（单元）教学内容的组成部分，又是相对独立的教学整体。钻研一节课教学内容需关注以下内容：①教学的主要内容和特点；②该节课教学内容的教学重点和教学难点；③教学内容中包含了哪些基础知识，结合学生实际应当重点教学哪些基础知识；④结合本组（单元）的教学和训练重点，该节课应进行哪些学科基本技能训练；⑤从课程改革和学生的发展需要出发，本节课可以组织开展哪些促进学生发展的活动。以上五个方面的内容互相联系，统一在这一特定的教学内容之中。

钻研一节课教学内容的基本方法：①通读全文，初步了解教学内容。通读全文，最好能多读几遍。在这个阅读过程中，要弄懂教学内容所蕴含的意思。②理清教学内容的结构，把握教材编者的思路。教材编者通过教学内容的描述和介绍，使一堂课所涉及的知识点、技能训练点、思想情感感化点构成一个有机的整体。③研究本节课教学内容中有哪些要让学生学习掌握的基础知识、基本技能。④有效地利用教学参考书和其他教学参考资料。在钻研每一节教学内容的时候，可以参考教学参考书和报刊上登载的教材分析的文章，调整、纠正自己在钻研该节课教学内容时的偏差，弥补自己对教学内容理解的不足，参考他人的研究教材和教学设计的成果。

三、了解学生的方法

（一）了解学生的内容

对于一门学科的教学，了解学生的内容主要有以下几个方面：①学生的思想、生活和学习情况。包括学生的思想状况，学校和家庭生活情况，对该门学科学习的方法、习惯、知识、水平等内容。②学生学习的态度和方法。主要是了解所任教的学生对于该门学科的学习态度，在该学科的学习和训练中掌握和运用的学习方法、技巧情况。③学生基础知识、基本技能掌握的情况。主要是了解学生对于学科学习的具体情况，要具体调查和研究他们的基本知识和基本技能的实际水平。④学生课外阅读和其他课外学习、实践活动的情况，关注学生离开课堂后对于学科阅读和实践性学习的情况，以适时地调整课堂教学。⑤学生智力发展情况。主要是综合调查和分析学生的智力发展水平，不仅要了解全班学生的整体水平，还要对于不同层次的学生进行分析、研究。

对于一段具体内容的教学，可以是一组（单元）的板块教学内容，也可以是某一特定的一节课的具体教学内容。了解的内容主要有以下几个方面：①教学内容中有哪些是学生已经掌握的；②哪些内容和学生学过的知识有联系；③哪些和学生的生活实践、情感体验有联系；④哪些内容或知识是距离学生生活实际较远、学生难以理解的；⑤哪些内容是学生熟悉的，哪些是他们生疏的，哪些内容是学生容易弄懂的，哪些是他们难以理解的。

（二）了解学生的方式

因为不同的教师的实际，学生的年龄、年级、性别、水平等情况的不一样，教师对他们的了解方式也会表现得各式各样。

1. 通过座谈会了解

当一个教师到新的班级任教，可以通过召开学生座谈会的方式了解学生对于该门课程的学习情况。一是可以召开不同类型的座谈会，像由班级干部参加的、由不同水平层次的学生参加的、由特定类型的学生参加的，等等。二是同类型座谈会还应该通过随机的方式选取与会者，以体现其代表性。三是让参加座谈的学生敢于发言，把真实的想法表达出来。

2. 通过多侧面访谈了解

访谈的对象根据了解学生的内容和要求不同可以考虑各种不同的对象。一是可以与前任任课教师交流，了解该班级学生的整体学习状况，如学习习惯、学习方法、学习成绩方面的具体情况。二是可以与学校领导、年级领导交流，了解学校领导和年级的评价意见。三是可以通过与班级干部针对某一具体方面进行了解，摸清学生的学习、作业、训练、活动情况。四是可以与一些情况特殊的学生进行沟通，了解一些事先预料不到的情况或事先考虑不到的问题。

3. 通过学生的课内外作业和试卷分析了解

通过课内作业可以了解学生本节课的教学效果；通过课外作业可以了解学生对于课堂学习内容的运用、拓展情况；通过试卷可以分析班级学生对于前段时间的教学内容的掌握情况，可以分析班级学生的学习水平的分层情况，可以综合分析他们学习掌握基础知识、基本技能的情况。

4. 通过检查预习情况了解

可以在课前检测，了解学生已经读懂了什么，还有哪些疑难问题；也可以在课堂检测，了解学生对于课前所设计的内容的自学情况，了解他们对于本节学习的期待。

5. 通过课堂教学中的活动了解

通过答问，可以了解学生听课的注意程度、反应能力、思维水平；通过练习，特别是通过学生在黑板上的演算和表述训练，可以了解学生对于刚刚教学的内容的理解和运用情况，以便及时调整教学和指导的方法。

6. 通过课外活动和课外辅导了解

通过课外的各种活动，像学科的学习活动、社会实践活动、研究性学习等，可以了解学生的参与热情，自主、合作、探究学习方式的运用情况；通过课外辅导，可以了解被辅导学生的具体情况。

7. 通过家长和社会成员了解

通过家长，一方面可以了解学生在家庭中的学习情况，家长对于该学科的教学意见和建议；通过社会成员，可以了解到一些来自社区、社会部门、各种社会成员对于学校教育、某门学科教学的反映和意见。

8. 通过学生的日常生活了解

与学生的日常接触，了解学生的生活习惯、课余爱好、性格特长等情况。一是分析研究全班学生的各种情况，二是分析研究学生个人的种种表现。特别是要了解学生对即将学习的内容的现状、要求、期待，以便在备课中有的放矢，制定出切合实际的课堂教学计划，有效地提高教学质量。

四、教学目标制定方法

教学目标和教学内容是构成教学活动的两个重要方面。在教学的准备阶段，制定教学目标是准备方法的核心任务之一，旨在为后面的教法选择和教学设计定向。

（一）教学目标的基本形式

1. 普遍性目标

普遍性目标是以抽象的、普遍的形式来陈述的教学目标，其基本特点包括以下两方面：一是普遍性，它适用于各种各样的教学情境；二是模糊性，即在表述上比较模糊。

2. 行为目标

行为目标是以具体的、可操作、可观测的行为的形式来陈述的教学目标，它指明教学活动后学生所发生的行为变化，其主要特点包括以下几个方面：一是强调目标的具体性、可操作性、可观测性；二是强调统一性；三是具有预定性。教学活动就是在这种预定的目标指引下实施的。

3. 形成性目标

形成性目标也有人称为“生成性目标”或“生长性目标”，它是在教学情境中随着教学过程的展开而逐渐形成的教学目标，最根本的特征是过程性，即随着教学过程的展开而逐渐地形成。

4. 表现性目标

表现性目标强调教学目标的独特性、首创性，关注学生表现行为的个人性、多元性，鼓励活动的个性特点。

（二）教学目标设计的注意点

1. 教学目标应形成一个完整的体系

每个学年、每个学期、每个单元乃至每一节课都应有明确的教学目标，这些目标之间是有着层层递进的关系。

2. 教学目标的可操作性强

教学目标的制定应从学科特点出发，使用便于理解和操作的词语进行表述，内容应明确、具体，有较强的可操作性。

3. 制定教学目标应切合实际

制定教学目标时必须结合教学内容和学生实际。

4. 课时目标的制定要依托于单元目标

课时目标是以完成单元目标为任务，需要课时目标的制定者在把握学科总体目标的基础上，深入了解学生，客观分析教材。

5. 教学中要注意灵活调整课时目标

灵活调整课时目标即教师所制定出来的课时目标已经尽可能地考虑学生已有的知识、经验和课堂上可能会出现的情况，教师必须在教学过程中根据教学实际，及时、灵活地调整课时目标。

五、教学重难点设置方法

（一）教学重点

教学重点是教材中起关键作用并具有现实意义的知识内容，或者说某知识点在某课、节、框中最基本、最重要的原理，教学重点在教材中是最基础和主要的内容。

1. 如何确定教学重点

重点有教材重点和教学重点之分。教材重点与教学重点是两个内涵不完全相同的概念，它们之间既有联系，又有区别。教材重点是就教材的具体内容而言，是由其在整册教材中所处的地位和所起的作用决定的，对学习其他内容能起到举足轻重作用的知识点，教材重点一般都是教学重点。教学重点则是指那些在课堂教学过程中需要教师着重讲解，要求学生听课时（学习时）特别加以关注的知识点。教学重点的确定除了要看其是不是教材重点外，还应视学生的学习基础和可接受程度的实际情况而决定。①抓住教材中的基本概念、基本理论和基本方法。②抓住教材的重点内容。③确定好每堂课的教学重点。这里的教学重点既包含教材重点，也包含教学重点，已经属于教学操作层面上的教学重点了。

2. 如何突出教学重点

①把主要教学注意力聚集在重点上。围绕重点提出问题，启发诱导、严密分析、充分论证，调动学生积极思考问题，引导学生寻求解决问题的方法和途径，并拟定各种相应的处理方案，经评价后遴选出最优最突出重点的方案。②保证为重点教学内容分配足够的教学时间。在进行教学时间分配时，首先应该考虑给予解决教学重点问题所需要的时间。要让学生在学习和研究教学重点时有充分的时间进行思考、讨论、提问、互动交流。③采用多种教学手段和教学模式配合。不仅要发挥专题讲座、演示、讨论、实验、参观、电视、电影和作业等作用，还要精心准备实物、模型、教具等器材。④重点内容要明确地公布给学生。告

诉学生本节课的教学内容中什么是教学重点，以提示学生高度关注这些教学内容。⑤设计与教学重点紧密结合的练习和实践任务。让学生通过练习和实践，达到巩固、加深、灵活运用的目的。教师在作业和测试中若发现学生有什么问题，要设法加以补救，对存在的共性问题，要找出原因并认真讲评。若仅是个别问题，可通过辅导加以解决。

（二）教学难点

1. 如何确定教学难点

确定教学难点的主要依据是对教学对象的充分了解与教学经验来判断，具体表现在以下几个方面：①比较抽象的知识点；②学生生活中接触较少的知识点；③容易混淆的知识点；④与旧知识缺乏联系的知识点；⑤教师在钻研教材时发现的难点；⑥学生预习中发现的难点。

2. 如何突破教学难点

想要突破教学难点，具体可以从以下几个方面进行：①运用各种教学手段创设突破难点的条件。可以通过实物、模型、图片、视频或多媒体课件等增加学生的感性知识，为突破难点创造条件。②用类比的方法引导学生触类旁通。针对难点的不同的个性特点，通过选取一些与之相对应的有效的教学方法来达到突破难点的目的。③用创设情境法突破教学难点。一个情境接着一个情境，步步深入，让学生进一步地理解和运用知识点。④通过旁征博引的教学资源破解教学难点。⑤通过扮演角色体验知识的生成过程突破难点。

此外，还有许多的方法可以在突破难点中尝试：①通过学习方法指导，让学生自己破解的路径；②通过引导学生复习，让学生运用已经掌握的知识破解难点；③通过联系生活实际，让学生在体验生活过程中解决难点。

六、教学方法选择的方法

教学方法是教师和学生为了实现共同的教学目标，完成共同的教学任务，在教学过程中运用的方式与手段的总称。这里讨论的教学方法选择是指课堂教学中所使用的具体方法，如讲授法、讲读法、谈话法、尝试法、发现法、赏析法、演示法、练习法、讨论法、实验法、情境法、表演法，等等。

（一）选择教学方法的主要依据

1．课堂教学的具体目标和教学任务

不同的教学目标和教学任务对教学方法提出了不同的要求，像要求学习和运用某个方面的知识，就需要选择练习法、模仿法、实践法等以操作为主的教学方法。

2．教学内容的具体特点

如果是以理论讲授为中心的教学内容，就需要选择讲授法、谈话法、讨论法组织教学。如果是内容比较浅显的，则可以选择讨论法、练习法等方法，让学生通过自主、合作的方式开展学习活动，完成教学任务。

3．教师本身具备的素养

不同的教师由于自身的教学素养的侧重点不同，对于教学的选择往往有自己的需求。像绘画能力比较强的教师，则可能在教学中多选择一些图画演示、场面模拟、情境展示等方法；如果是表演能力比较强的教师，则会在教学中多考虑选用表演法、欣赏法，引导学生通过表演和欣赏来实现教学目标。

4．教学时间和效率的要求

由于教学内容的信息量多少、教学内容难度情况等因素，使得课堂教学时间的分配、对课堂教学效率的要求发生相应的变化，而与之配套的教学方法选择则要适应于这种需求。像时间短、信息量大的时候，则可以选择讲授法；如果时间比较宽裕，则可以通过创设情境，引导学生深入体验。

5．教学方法本身具有的特性

不同的教学方法适应于不同学科的不同的教学内容、不同的年龄层次的学生应该研究教学方法的特点和教学对象、内容的实际，选择其切

入点，像实验法本身规定必须是能够开展实验的教学内容才能使用。

6. 多种教学方法的综合使用

在现实的课堂教学实践中很少是一节课只使用某一种教学方法，或所选用的几种方法平均分配时间，或一种种轮着使用的，有许多都结合在一起使用的。

(二) 选择教学方法的基本原则

1. 必须体现学生主体性的启发式方法

学生是一切教学活动的主体。选择教学方法必须考虑选择那些符合启发性要求的教学方法，通过这些教学方法的运用调动学生思维的积极性和学习的主动性。

2. 必须体现一切学生发展的要求

教师在选择教学方法时应该考虑使用该种教学方法时学生的参与度，要选用那些能够让学生参与、让各种不同层次的学生表现、学习和使用学习方法，自主、合作解决学习中的问题，科学探究符合要求的答案。

3. 必须能够充分调动学生的学习积极性

选择使用那些让学生感兴趣，调动学生参与热情的教学方法，可以充分地挖掘学生的学习潜力。

4. 必须体现根据具体情况选择对应的教学方法

一是要根据教师的不同情况选择教学方法，以追求最佳的教学效果；二是要根据学生的不同情况选择教学方法，以求最大限度地激发学生学习的积极性；三是要根据不同教学内容选择教学方法，以增加教学方法的针对性；四是根据不同的教学内容选择教学方法，以提高课堂教学的最佳效率。

5. 必须考虑学生对教学方法的可接受程度

由于学生知识水平、学习素养、生活阅历、心理素质等方面的差异，对于教学方法的可接受性也不一样。

(三) 选择教学方法要注意的问题

1. 注意学生的个别差异，突出教学的适应性

教学方法的选择要充分考虑学生间的认知差异，因材施教。例如，

学生学业程度高，可以适当增加自主学习的比例，减少简易的直观的手段；如果学生学业程度较低，则可以较多地使用谈话法、表演法、尝试法、练习法。

2. 与课堂教学活动的组织开展相配合，突出教学的整体性

要考虑与课堂教学活动的组织开展结合在一起，像选择实验教学法，就必须考虑教师的示范活动、学生动手操作活动、实验后的探究活动、全班讨论活动等因素，结合选择使用讲授法、谈话法、归纳法。

3. 强调学生非智力因素的培养，突出教学的情意性

通过相应的教学方法的选择和运用，引起学生的学习兴趣，激发学生的学习动机，培养学生学习的积极情感，增强学生学习的自信心。

4. 强调教法与学法的统一，突出教学的双边性

现代教学方法充分体现了在教师指导下，学生独立获取知识的特点，既有对教法的要求，也有对学法的要求，在选择和运用教学方法时要力求二者相结合，努力使学生“学会学习”，提高学习能力。

第二节　常用的课堂教学方法

一、课堂教学方法的运用

制定和选择了适当的课堂教学方法，还要能够在教学实践中正确地运用，在运用中有所变化、有所创造。

(一) 树立正确的教学指导思想

教学方法总是受一定教学思想、教学观念的支配和规范，教学方法的运用能否达到预期效果，关键在于是否有正确的思想指导。

(二) 树立完整的观点

每一种教学方法都有各自的功能、特点及应用范围和具体条件，而且又有各自的局限性。为了更好地完成教学任务，达成教学目标，教师必须树立完整的观点，随教学的进程、环节及具体情况的变化，注意各种教学方法之间的有效配合，充分发挥教学方法体系的整体综合功能。

(三) 坚持以学生的主动自主学习为主

教学过程中，学生是学习的主人，教师的教是为了学生的学，是为了学生学会学习。教学的根本目的在于使学生学会做学习的主人，能自觉主动地学习，成为自我发展的主体。教学方法的运用应以此为根本指导思想，应通过采用各种有效的形式调动学生学习的积极性、主动性和独立性，引导学生通过自己积极的智力活动掌握知识、发展能力、完善人格。

(四) 寻求教学方法的多样化配合和变通运用

教学过程是具体而复杂的，教学内容是丰富多彩的，教学要完成的任务又是多方面的。因此，实际教学过程当中应当有多种方法，要根据不同的教学目标、不同的教学环境、不同的教学环节采用不同的教学方法。从学生方面而言，必须根据学生的学习准备、认知风格、学习速度、学习技能等方面的个别差异做出相应的变化和调整，以适应在班级教学中对学生进行个别指导的需要，要给每个学生提供尽可能多参与教学活动的机会。因此，教学方法应呈现动态可调的结构，教师要根据教学的实际情况创造性地组织教学，融会贯通地理解和运用多样化的教学方法。

1. 依据教学的具体目标与任务

不同的教学目标与教学任务需要不同的教学方法去完成，如知识掌握的方法、技能形成的方法、激发动机的方法、行为矫正的方法等显然是针对不同的目标和任务的。不同学科性质的教材也应采用不同的教学方法，而某一学科中不同的具体内容的教学又要求采用与之相适应的教学方法。

2. 依据教学内容的特点

一般来说，不同学科性质的教材应采用不同的教学方法，而某一学科中的具体内容的教学又要求采用与之相适应的教学方法。某种教学方法对于某种学科或某一课题是有效的，但对另一课题或另一种形式的教学可能不会产生满意的效果。

3. 依据学生的实际情况

教师的教是为了学生的学，教学方法要适应学生的基础条件和个性特征。对学生学习主体作用的重视也是现代教学观的基本特征之一。学生的实际情况主要指学生现有的知识和技能水平、学习风格、心理发展水平等。学生的实际情况决定着教学的起点，教学方法的选择必须以此起点出发进行具体分析。所以，选择教学方法要考虑学生对某种方法在智力、能力、学习态度、班级学习氛围等诸多方面的准备水平，要能调动学生积极的学习兴趣和态度。现代教育心理学理论认为，教学应从学生的最近发展区开始才能达到最佳的教学效果。学生的最近发展区与其学习的实际情况有密切的联系，如果说对教学目标的分析是选择教学方法的前提，那么对学生实际情况的分析则是制订有效的教学方法的基础。

4. 依据教师本身的素养

教学方法的运用是要通过教师来实现的，每个教师在选择教学方法时都要考虑自身的学识、能力、性格及身体各方面的条件，选择那种最能表现自己才华，施展自己聪明才智的教学方法。

教师的知识经验是影响教学方法选择的重要因素。知识经验丰富的教师能够根据各种具体教学方法的适宜环境及学生的需要，制订或选择相应的教学方法。此外，教师的教学风格、心理素质等也在一定程度上制约有效教学方法的制订或选择。因此，在选择教学方法时，不仅应重视目标和学生实际情况的分析，还应努力发挥教师的主观能动性，充分发挥教师自身特征中的积极因素在选择有效教学方法中的作用。同时，教师应有意识地克服自身特征中的消极因素对选择教学方法的不利影响。要达到有效的教学水平，教师还必须有理性的思考，对教学方法的理论基础有清晰的认知，教师教学经验反思同样可以在很大程度上影响教学方法。

5. 教学环境制约教学方法的运用

教学环境是教学活动赖以进行的重要因素，它由学校内部有形的物质环境和无形的心理环境两部分构成。从表面上看，教学环境只处于教学活动的周围，是相对静止的，但是实质上它却以自己特有的影响力潜在地干预着教学与学习过程，并系统影响活动的效果。在科学技术迅猛发展的今天，学校教学环境正变得日趋复杂和多样化，因而对教学方法选择的影响也日益突出。

6. 依据教学时间和效率的要求

教学方法研究的一个重要目的就是提高教学效率，提高教学质量，实现教学的最优化。教学的最优化就是要求以最少的时间取得最佳的教学效果。所以，在实际教学中，制定和选择某种教学方法，还应考虑教学过程的效率，做到省时高效。好的教学方法应是高效低耗，至少能在规定的时间内完成教学任务，实现具体的教学目的，并能使教师教得轻松，学生学得愉快。

二、演示法

（一）演示法的含义和特点

演示法是一种常用的教学方法，在相当长的一段历史时期，这种方法几乎被当作能够诠释教师角色的重要教学方式。因为在这种方法的运用中，教师可以充分展示自己“术业有专攻”“闻道在先”的优势，借助演示，引导学生掌握知识与技能。这种方法以演示为核心，通过教师操作、学生观察，使学生了解操作程序、技能技巧，理解并掌握演示中蕴含的知识。

演示法是一种通过教师对某一技能或操作程序的示范，配合适当的讲述或多媒体等手段展示，促使学生掌握某一技能、操作程序或深化对某一问题认识的教学方法。演示法的要素有以下几点：其一，由教师亲身示范；其二，演示的内容多为技能、程序、事实、概念或规则等；其三，学生主要是从观察中学习。

教学过程中的演示法具有以下特点：①无论何种演示，它作为一种辅助的方法，常常配合讲授法、谈话法进行；②演示的时机极其重要；③演示的内容需要精选，即只选择最需要演示的事物，当然，学生课下的自主观赏则另当别论；④由于演示是一种综合的信息传递方式，因此，演示过程中和演示后教师都需要进行一定的讲解和指导，以使学生关注真正需要学习的内容；⑤教师需要认识到演示法本身的一些属性特点，如机械性、被动性、信息的丰富性与主题的单一性等，所以要进行适当的讲解。比如组织学生看电影，广义地说是教学的组成部分，狭义地说就不能算是严格意义上的教学。因此，对演示法的运用原则应该是“恰到好处，加以引导”。

（二）演示教学的作用和种类

1. 演示教学的作用

演示法教学的主要作用是直观性强，能使学生获得感性知识，加深对学习内容的认识，为理解知识打好基础，能把书本知识与实际事物联系起来，培养学生的实践能力；有助于学生形成科学的概念，掌握正确的原理、法则；能激发学生的学习兴趣，集中学生的注意力，促进学生思维活动的提升，同时促进学生观察能力、感受力和想象力的发展，培养学生的探索精神和创新精神，师生之间可以同时进行视觉和口头上的交流，有利于克服语言障碍，建立师生之间融洽的关系。

2. 演示教学法的种类

演示教学法的种类划分有不同的依据，按教具区分，可分为四种：实物、标本和模型的演示；图片类（图画、图表、地图等）的演示；实验的演示；录音、教学电影等的演示。按教学的要求区分，可分为单个物体或现象的演示，事物发展过程的演示。前者是单向的，后者是多向的或序列性的。目前，随着电化教育手段的发展，某些原来很难观察到的现象，都可用模拟的办法，将它们的动态通过投影仪、教学电影表现出来，为演示教学提供了更为优越的条件。

这里将选择实物演示和练习演示这两种最常用的演示法作简单介绍，为实际教学提供一定的理论依据。

（1）实物演示。实物演示法是指用以释义或创设情境进行操练的教室内的或可以带进课堂的各类实物进行演示。实物演示法将知识与生活实际结合起来，直观性强，具有形象、具体等特点，让学生一目了然。

（2）练习演示。除了实物演示和幻灯演示这两种极其常用的演示方法外，练习演示在演示中也占据着举足轻重的位置。这里说的练习演示一般指教师在黑板上进行例题演示，或者学生在黑板上通过做练习题，并让在座的学生观察的演示方法。

（三）演示法的操作步骤

演示法的操作步骤大体可按以下环节进行。

1. 提出主题

在这个环节，教师要注意营造一定的氛围，同时提出演示的主题，向学生介绍演示主题的重要性，从而引发学生的学习动机，激发学生的学习情趣，让学生进入到参与演示教学的状态。

2. 说明目标

在这个环节，教师要说明演示要达到的目标，让学生在观察演示前对演示主题有一基本认识，同时讲解演示中涉及的相关知识，布置在观察时要注意的事项，以便学生在观察时能把握重点，有所依循。

3. 进行演示

在说明演示概况的基础上进行操作演示，使学生对演示整个程序有基本认识。如果有必要的话，可以进行第二次或第三次演示，将演示过程逐一分解，分成几个组成部分并作详细演示。

4. 练习强化

在这个环节，学生自己动手操作，按照教师演示的步骤进行练习。教师也可以提出问题，让学生围绕演示主题做进一步思考，通过这一环节的教学，使演示教学的效果得到进一步强化。

（四）演示法教学的要求

1. 演示目的要明确

演示教学的目的就是通过直观感知，达到理性认识；培养学生的观察能力和探索能力，发展学生的思维能力和创新能力。教学活动中，是否采用演示法的依据是看教学目的和演示目的是否一致，它也是正确运用演示法教学的必要条件。

2. 演示准备要充分

准备充分，演示进程会得心应手。演示前教师应制订详尽的演示计划，计划的内容包括演示的方式和内容、演示的基本步骤、场地的选择、材料的准备、设备的检查以及预先演练等。演示的用具以及材料要按使用步骤事先排列好，以保证演示无误。教师在演示时应选择适当的位置，安排好学生的座位，确保他们能清楚地看到演示全过程，而且每一步骤必须让课堂上的每个学生都看得清清楚楚。

3. 清楚准确地感知

教师在演示前应对演示实物和演示过程给予必要的说明，告诉学生观察过程中应注意什么。同时，围绕教学目标提出问题，引发学生参与的兴趣，把他们的注意力引导到应该观察的事物上去。教师在演示时，要让学生运用多种感官（如眼、耳、鼻、口、手等），充分地、清楚而准确地感知演示的事物，以便形成清晰而完整的表象，还要引导学生观察演示事物的主要特征。

4. 配合讲解和谈话

演示法教学要适当配合教师的讲解和谈话，引导学生在教学过程中进行分析与综合、归纳与演绎，把演示看到的感性知识同理论知识结合起来，使学生既得到明确的结论，又发展了思维能力。

三、参观法

（一）参观法的含义与特点

参观法是教师根据教学的需要，组织学生到校外社会生产、生活场所，对实际事物进行直接的观察、调查和研究，从而获得知识、锻炼能力、陶冶情操的一种教学方法。参观与演示不同，参观是把学生带到自然和社会现实的环境中去观察事物和现象，参观与讲授结合往往被称为现场教学。

参观法的特点是把教学同社会生产实际、生活实际结合起来，把学生所学的理论知识同实际应用结合起来，加深对知识的领会，扩大学生的眼界，并使他们从中受到生动的、具体的思想教育。参观法适用于各科教学，但教学参观要紧紧围绕课程计划，密切结合教材内容，可以安排在教学的不同阶段进行。

参观法能有效地把教学与实际生活或情境紧密联系起来，使学生学到许多活的知识，扩大视野、增进见识、活跃思想，帮助学生更好地领会所学知识，扩大学生的眼界，激发学生的求知欲望，使学生在接触社会生活实际过程中受到生动的教育。

（二）参观法的种类

教学参观，根据其目的可分为三种形式。

1．准备性参观

准备性参观就是在讲授某一课题之前，先组织学生去参观有关事项。这种参观的目的是给学生学习新课题积累必要的感性经验和引起学生学习新课题的兴趣，为学生顺利地学习新课题奠定基础。

2．并行参观

并行参观是在学习某一课题的进程中，为了巩固和检查学生已经获得的知识，并且积累学习所需要的直接知识而进行的参观，目的是加深对课题的理解，使学生的感性认识与理性认识更好地结合起来。

3．总结性参观

总结性参观就是在讲完某一课题之后，组织学生去参观已经讲过的东西。这种参观的目的是帮助巩固和加深课堂上已经学过的知识，使学生用感性材料来验证或巩固课堂上所学过的知识。

（三）参观法的步骤

1．参观前的准备

参观前必须做好充分的准备。主要应做好下列工作：根据教学的要求，确定参观的目的和地点，认真做好联系工作。如条件许可，教师应亲临现场去了解参观的地点和所需要观察的对象的情况，然后根据情况，制订参观计划。在计划中，应包括参观的具体要求、观察的重点和进行的步骤、参观后整理材料的方式以及其他应注意的事项。出发前进行谈话，向学生说明参观的目的、要求，简单介绍参观对象的情况，向学生提出应注意的事项和应遵守的纪律。此外，教师还要做好组织准备和生活安排工作。

2．参观的进行

在参观过程中，教师要对学生进行具体指导。如果参观的目的是让学生搜集感性材料，获得实际知识，就应要求学生认真听取介绍人的讲解，把注意力集中在重点观察对象上，适当做些记录，以便收集好有关材料。如果要在现场进行教学活动，教师首先要简明扼要地向学生讲明原理，然后结合现场，边参观边讲解，同时启发学生提出需要解决的问题，并给予解答，并要注意使全班每一个学生都积极投入参观活动中，最后做出小结，巩固收获。在调查访问中，要求学生及时做好记录，收集有关材料，有时还应绘制简要的图表。此外，在参观、调查中，还要注意安全，保证不出事故。

3. 参观的总结

参观访问结束后，要及时进行总结。教师要检查参观计划的完成情况，并根据教学要求，指导学生整理有关材料，编制图表，设计模型，或座谈收获，或写参观报告，引导学生把所获得的感性认识上升为理性认识。

(四) 参观法的应用须知

参观法相对于其他的教学方法更注重学生和教学环境的紧密结合。在教学过程中，学生接触的新知识越多，教师使用此教学方法时难度越大。因此，在运用参观法时应该注意如下问题。

1. 适时适度选取参观对象

要根据当地实际情况进行筛选，同时应根据教学的目标，并紧密结合教学内容来进行。参观对象的选择要适合学生的认知能力，而且要有代表性。教师还要根据教学进度、学校时间、参观地点、允许参观的时间来协调选择参观时间。由于参观法耗时，需要很强的组织协调，因此，教学中选用参观法的教学内容不宜太多，一学期 2～5 次为宜。

2. 做好参观前的准备

准备工作包括教师事先到参观地进行实地考察，全面了解各种需要注意的问题，并且据此做好参观计划。教师还要做好学生的动员工作，让他们了解参观的目的，明确参观的要求和任务，如是否要做笔记、搜集哪些资料等以及参观的注意事项。

3. 指导好学生的参观过程

学生在参观过程中对新事物有较强的兴趣，正是这样，学生在参观中容易忘记参观的目的、任务。教师要指导学生在参观时围绕主题积极地看、听、问、记等，同时提醒学生严格遵守参观规则。

4. 做好参观后的总结工作

总结工作主要是帮助学生整理好参观的记录，形成参观报告以及对学生的评价和学生之间的自评、互评等。学生在参观报告中提出的建议，教师要及时反馈给参观单位，参观后形成的成果要及时地通过板报、校内电台等形式宣传。

第三章　多视角下的课堂教学技能

第一节　课堂导入与结课技能

一、导入的技能

（一）导入的作用

导入是课堂上正式教学的启动，是课堂教学开始之时，教师有意识、有目的地引导学生进入新的学习状态的教学组织行为，是教师和学生在此过程中所有教与学活动的通称，是为即将开展的教学活动而进行的必不可少的学生心理和生理上的唤醒。导入新课是课堂教学的起始环节。有经验的教师都非常重视这一重要环节。贴切、精练、新颖、富有启发性的导入不仅可以使学生集中注意力，诱发思维，激发求知欲，为下一阶段的教学创造条件，还可使教学收到事半功倍的效果。因此，设计好一节课的导入是教师应掌握并熟练运用的基本技能之一。

1. 明确学习任务，提高学生注意力

作为维持心理活动正常进行的一种积极的伴随状态，注意力可以使学生在上课时把自己的心理活动始终指向并集中于学习活动。教师准确、巧妙地导入新课，不仅可以使学生的注意力从课前的活动转移到新的学习活动上来，而且还能使注意力集中并保持下去，以顺利地完成这堂课的学习。如果说按照注意规律，上课开始时，学生的注意以有意注意为主，那么教师精彩的导入则使学生的有意注意与无意注意巧妙地结合起来，使课堂教学更加生动，使学生能在张弛有度的气氛中学习。教师恰当地导入新课，用简练的语言或科学的实验、直观地演示来揭示教学内容的重点或难点，使学生在学习新课的开始，就能把握教材的重点，明确学习的任务，思维很快被引入正轨。这一步骤的目的在于使学生初步了解教材，获得感性认识，为下一步深入全面学习打下基础。很多教师在导入新课时，常常直接地或间接地让学生明确学习目的，从而激发其学习的内在动机，使其有意识地控制和调节自己的学习活动。

2. 激发学生的学习兴趣

兴趣是人们积极探究某种事物或进行某种活动的心理倾向和动力，并伴有强烈的情绪色彩。因此，教师利用各种手段，正确、巧妙地导入新课，能使学生产生浓厚的学习兴趣和强烈的求知欲望，激发学生积极的情绪，使之主动愉快地进行学习。教师在导入新课中应针对学生的身心特点和学习内容，精心设计课程的开头部分，使这堂课一开始便能紧紧地抓住学生的注意力，使他们兴趣盎然，精神振奋。

3. 激活学生思维，挖掘潜力

思维是人们进行学习必不可少的心理活动，是智力的核心部分，生动而富有启发性的开讲可以点燃学生思维的火花，启发学生从不同的角度富有创造性地思考问题、探索问题，培养学生思维的灵活性和创造性。因此，导入新课就成了挖掘学生潜力，启迪学生思维的重要一环。

4. 加强新旧知识的联结，促进知识结构的形成

学生已有的知识结构是新知识学习的基础。设计自然的导入方式，可以帮助学生发现新旧知识的联结点，这既有利于学生用已有知识结构同化新的知识内容，也有利于新知识内容对旧有知识结构的改造，实现认知过程中的顺应，从而促进新的知识结构的形成。

(二) 导入设计的思路

导入新课的设计应从教学目标出发，深入钻研教学内容，分析学生的认知特点，使学生明确其学习目的和教学内容，启发其学习的积极性和主动性，以便更好地理解和掌握知识。导入的设计必须具有合理的内部结构，典型的导入设计常常有以下五个方面的思路。

1. 集中注意

注意是一种特殊的心理活动，它虽然不是一种独立的心理过程，但是任何心理过程的发生和进行都离不开注意的伴随。因此，要想使学生的兴奋中心转入课堂教学，先要抑制那些与教学无关的心理活动，使学生的注意力迅速投入新的学习活动中，并使之得到保持，这是导入新课的首要任务。

2. 引起兴趣

兴趣是人们认识需要的表现，与学习动机和求知欲直接相关。当一个人对学习产生兴趣时，便会积极主动、心情愉快地投入学习活动中去。因此，设计导入的目的就是用各种方法手段把学生的这种内部积极性调动起来。

3. 激发思维

思维是一种高级的认识活动。引起学生兴趣的目的是使学生进入活跃的思维状态积极地进行学习。当学生通过初步的感知对学习产生浓厚的探究兴趣之时，教师就要通过问题、矛盾或现象诱发学生的思维，使学生的思维尽快启动和活跃起来，这是导入的关键，也是导入的难点。

4. 明确目标

当学生的积极性被调动起来，思维处于活跃状态时，教师就要适时地讲明学习的目标和作用，这样才能把学生的内部动机充分调动起来，自觉地控制和调节自己的学习活动。

5. 进入新课

通过导入自然地进入新课，使已有的知识结构与新课之间建立有机的联系，充分发挥导入的作用。

(三) 导入的类型

教师可以根据教学内容，结合学生的求知欲强，活泼好动、富于想象等心理特点，精心编制导言、设计导入活动以调动学生学习的积极性。由于教学内容不同，教学对象各异，加之教师创造性地融进科学性、教育性、思想性、艺术性等因素，就使得导入的方法更加灵活多样，生动有趣，常见的导入方法可以根据其基本特点的不同分为以下几种类型。

1. 以强调知识之间内在联系为主的方法

这类方法主要有直接导入法、审题导入法、衔接导入法和类比导入法等形式。

（1）直接导入法。这种方法是指上课伊始，教师开门见山、直接点题，说明本节课的教学任务，提出教学目标和具体要求，把学生的注意力和思维迅速导向并集中于教学内容上来。直接导入、点明主题，指出学习的目的、任务，起到了提纲挈领、统摄全课的作用。直接导入要求教师语言精炼，条理性强，富有启发性和感染力。直接导入法是各科教学最简单、最常见的一种导入方法，常常运用于中高年级的课堂教学中。

（2）审题导入法。这种导入法是指教师先板书标题或课题，然后从审题入手，引导学生分析课题，从而导入新课的方法。这种方法直截了当，可以高度概括教材内容，与直接导入法相比，更突出中心或主题，使学生很快进入对教材中心内容的探索，同时能唤起学生的学习兴趣。因此，这也是各科教学中常用的导入方法。运用审题导入法的关键在于教师应围绕教材课题，精心设计一系列问题，通过设问、反问、讨论等方式，引发学生积极思考，从而起到导入新课的作用。

（3）衔接导入法。这是各学科、各年级常用的一种导入方法。它主要是根据知识之间的逻辑联系，找准新旧知识间的联结点，利用旧知识的回顾和引申来导入新知识的技法，使新旧知识前后呼应，互为因果。作为引出新知识的已有知识内容可以是上一节课讲的或前几课学过的，也可以是其他相关课程学过的。运用学生已学知识来讲授新知识，能充分调动学生思维的积极性，使学生的注意力高度集中，同时也能起到温故知新的作用。

由于科学知识本身严密的逻辑体系和学生认识发展的规律性，运用衔接导入法的关键在于要找准新旧知识的联结点，才可以自然过渡到对新知识的讲解。

（4）类比导入法。客观事物之间总是相互联系的，它们往往有许多共同或相似之处。在知识学习的过程中，通过类比的方法进行“由此及彼”或“由彼及此”的联想，从而实现新课的导入。这种方式有利于在传授知识的同时培养和发展学生的思维能力。在教学中，有些知识在结构和特征上相同或相似，新旧知识之间联系很紧密，学生可以在新旧知识的类比中理解和掌握新知识。运用学习迁移规律，进行类比启发，在原有同类知识的基础之上，以此类推、举一反三，启发学生发现规律，获取新知识。

采用这种方法导入新课时，学生一定要注意复习巩固相关的旧知识，在熟练掌握已学知识的基础上进行类比或迁移。另外，类比导入法对学生分析问题的能力要求较高。因此，此方法更适合中高年级使用，特别适用于理科教学。

以上四种导入方法的共同特点是新旧知识之间或前后知识、课题之间的联系紧密、逻辑性强。教师在运用这类方式时首先应注意从学生已有的知识结构出发，注意新旧知识之间的联系和异同，围绕新的课题内容设计合理的导入方式。其次，设计和选择这几类导入方式，还应根据学科性质和学生特点灵活采用不同的方式，如衔接导入法与类比导入法在理科教学中运用更为广泛，审题导入法在文科教学中屡见不鲜。根据年龄特点不同，中高年级更多采用直接导入法、类比导入法，而中低年级则更多采用衔接导入法。

2. 以生动直观、联系实际为主的方法

这类方法主要有演示导入法、故事导入法、实例导入法等。

（1）演示导入法。演示导入法是由教师把实物或直观教具演示给学生看，或者向学生做示范性实验，使学生通过观察获得感性认识，从而自然地过渡到新课学习的一种导入技法。这种导入方式在一定程度上能弥补学生感性认识的不足，并能帮助学生由形象思维过渡到抽象思维，因而应用范围很广，不同年级、不同学科都可应用。演示的材料和方式

多种多样，既有直观教具的演示，也有实验过程的演示，还有现代电声光等多媒体教学手段的演示。今天，随着现代教育技术的蓬勃发展，视听工具的不断涌现，演示的内容和范围更加扩大，在更大程度上突破了时间空间的限制，使得演示导入在教学中的作用更为重要。

运用演示导入法应注意以下几点：其一，演示的内容与方式必须紧扣教材，与新内容密切相关；其二，应根据需要做好充分的准备工作，事先选择、检查演示教具，并进行课前试作等；其三，教师尤其应重视随时进行言语指导，帮助学生明确观察的目的、了解观察的任务，适时提出问题，引导学生注意观察的对象，从而使学生能进行准确的观察和思考，把感知与理解结合起来。同时，教师还应指导学生观察的顺序和方法，尽量发挥多种感官的作用。

（2）实例导入法。学生的学习以书本知识即间接知识为主，在进行课堂教学导入时，教师可以从生产生活实际中选取一些具体生动的实例来讲，使抽象的知识具体化，让深奥的理论通俗化，不仅使学生感到亲切，激发起学习的兴趣，而且也符合学生认识发展的规律性，这种方法适用于各学科、各年龄阶段的学生。

运用实例导入新课，应注意所选事例要典型、生动、准确，并紧扣教材内容，适合学生特点。

（3）故事导入法。故事导入法是一种借助恰当的寓言、典故、传说，以讲故事的形式来讲，激发学生的好奇心和学习兴趣，启迪学生思维的一种导入方法。许多故事情节生动，蕴含哲理，容易吸引学生，引发学生思考。教师所讲的故事应该与教学内容紧密相连，或为教学内容的有机组成部分；而且要注意选用故事的科学性、艺术性、趣味性和思想性。

以上这些以生动直观、联系实际为主的方法既符合“从生动的直观到抽象的思维，并从抽象的思维到实践”这一人类一般认识过程的规律，又体现了教学过程中间接经验与直接经验相结合的规律。运用这类方法时应注意处理好理性认识与感性认识的关系，感知的目的是更好地理解，通过理解把感性认识上升为理性认识。因此，设计这类导入法的重要要求是要找到感性材料与理论知识之间的关系，使这种导入成为理论知识学习的基础，而理论知识的学习又成为这种导入的延伸和深化。

3. 以设疑问难、激发学生好奇心为主的方法

这类方法主要有悬念导入法、问题导入法等形式。

教师在教学过程中要从激发学生的学习动机、求知欲入手，调动学生学习的积极性和主动性，引导学生积极思维、独立思考，在掌握知识的同时，提高分析问题和解决问题的能力。根据这一原则，教师通过精心构思，巧布悬念或巧设疑问可以有效地导入新课。这种方式既可以激发学生的兴趣，又能调动思维的积极活动。

（1）悬念导入法。悬念导入法是指教师在讲授新课前结合所讲内容设置悬念，使学生置身于矛盾之中，从而产生渴望了解和解决这些矛盾的强烈欲望，引导学生积极主动地去学习。这种导入法既可巧妙地向学生提出学习的任务，又可为学生创造出积极探索知识的最佳教学情境。

（2）问题导入法。问题导入法是指教师通过提出富有启发性问题的方式导入新的教学内容，使学生在学习新知识前进行思考，带着问题进行学习。这样，学生对知识的理解会更加深刻，而且也锻炼了思维能力。提出问题的方式有很多，不论通过设问、追问或者是反问等什么方式，都要注意找准知识的关键点，从不同角度巧妙提问。

运用以上方法导入新课应注意：第一，问题难易适度，具有启发性；第二，问题的提出要明确具体，有针对性，紧扣教材内容；第三，要把握好提问的时机。

在课堂教学中，上述导入方式无所谓优劣之分，在选择时应注意以下几点：第一，要根据不同学科、不同内容的特点，采用多种不同的方式导入，充分调动学生的积极性，高度集中学生的注意力。第二，导入方法的选择还应根据教师自身的素质条件、优势和个人风格。

（四）导入的基本要求

新课的导入方式多种多样，不同的方式有不同的特点，也有不同的

适应性和具体要求，但是，不论采用什么导入方式，都应该注意遵循一些共同的基本要求，这些要求集中地体现在以下几个方面。

1. 针对性

教师设计新课导入一定要根据教材内容和学生的特点而定，导入目的明确，具有针对性。一方面要求所设计的内容和方法要有的放矢，尽可能体现教材的内容和要求，要服从并服务于整堂课的教学任务；另一方面，导入新课的设计要针对学生的认识水平、知识经验和心理特征，一开始就能把学生的思路带入一个新的特定的情境中，让学生产生学习的需要和兴趣。

2. 趣味性

只有调动学生学习的积极性和主动性，真正激发学生的学习兴趣，才能产生好的效果。因此，保证导入新课时的趣味性就显得尤为重要。如何体现课堂的趣味性，这就要求首先做到语言风趣。生动形象、幽默风趣的导入语是引发学生兴趣的最重要因素和常见的形式。其次要求方式新颖、引证生动。新颖的东西总是能使人感到好奇和有趣，教师要根据内容和自身特点适当变换方式，使其多样化。引证的素材也要具体生动、新奇有趣。再次，教师要善于利用学生的间接兴趣，使其与当前的学习产生关联，从而使新课的导入产生激发学习兴趣的效果。

3. 启发性

设计导入新课应具有启发性，最大限度地调动学生学习的主动性和积极性，引导学生举一反三地掌握知识、发展智力、培养能力。富有启发性地导入新课，既是教学过程中师生双边活动特点的反映，也是教学过程中掌握知识与发展认识能力相统一规律的要求。设计富有启发性的导入，首先，要求教师精心设计导入的内容，借助这种新颖、独特的导入方式，激发学生的学习动机，有效地调动学生积极的思维活动。其次，教师要采用多种方式，因势利导，启发学生的思维，或进行问题启发，或进行对比启发，或进行范例启发，或进行演示启发，或进行情境启发。可以说，启发引导学生积极思考是进行导入设计的中心。

4. 艺术性

在导入教学中，只有教师注重语言的喜怒哀乐的情感色彩，才能真正做到动之以情，晓之以理，将学生带到渴求真理的思维状态中。因此，课堂导入应注重艺术性。艺术性是设计教学导入的最高要求，也是教师导入设计能力的综合体现。这种艺术性首先表现在导入的内容、方法、手段具有高度的统一性、和谐性，其次表现在导入的设计具有高度的科学性和思想性（教育性），最后还表现在导入环节与新授环节之间衔接巧妙，转折自然，过渡熨贴。

5. 效益性

设计导入新课的效益性一是指这种导入应简练、省时，能在较短的时间内起到导入新课的作用；二是这种导入应朴实有效，能真正起到知识联结的作用。

二、结课的技能

（一）结课的功能与作用

结课是教师在一个教学内容结束或一节课的教学任务终结之时，有目的、有计划地使学生对所学的新知识、新技能进行及时的巩固、概括、运用，把新知识、新技能纳入原有的认知结构，形成新的完整的认知结构，并为以后的教学做好过渡的一类教学行为。结课是教师课堂结束之际的概括性教学。结课在课堂教学中占有重要的地位，不仅可以帮助学生系统梳理知识，把握重点，掌握难点，形成知识体系，还可以启迪学生思维，延伸拓展课堂教学内容，激发学生继续探究的动力。

1. 巩固知识内容

通过归纳概括所学新知识内容，可以使学生巩固所学新知识，明晰教学内容的重难点和内容结构，使记忆变得更牢固。

2. 构建知识系统

学科知识有其自身的逻辑和体系，教材也有独立的编写逻辑，这就需要教师引导和帮助学生建立起这些逻辑联系，使学生在课堂中所学的零散内容网络化、系统化，结课就是关键环节。同时，研究表明，结构化的知识更容易“同化”到学生的认知结构中去。为此，在结课时，教师应该通过联系比较，揭示教材的内在联系，使学生所学知识形成一个“点—线—面”相结合的网络知识体系。

3. 反馈教学效果

教学是否有效需要借助反馈这一重要措施。教师在结束新课教学后，会设计一系列习题或思考点让学生解答，这一结课环节不仅增加了课堂中的师生互动，也可以从中及时了解到学生对知识掌握的熟练程度以及学习中遇到的困难和问题，从而检查了自身教学的效果，为以后采取更加适合的教学策略积累经验教训。

4. 承上启下

结课虽然是一节课的收尾，但其包含的内容不能仅限于本节课，良好的结课不仅能使学生对自己掌握的知识形成自我认识，还能让教师设置类似“欲知后事如何，且听下回分解”的悬念，使学生对将要学习的新内容有预先的了解，为下一步的学习做好铺垫，从而激发学习的兴趣和欲望。

5. 拓展延伸思维

结课是当节课的结课，而在结课之时，学生通过新授课内容的学习，新的知识储备已一定程度形成。因此，教师在结课时，通过结合刚教授的内容对学生提出具有趣味性和争议性的问题，不仅能促进学生在课后主动在思维上进行延伸，在视野上进行拓展，还能在结课时提炼出源于教材但高于教材的思想，增强课堂教学与学生生活实际的联系，进一步提高学生的自学能力、思维能力以及促进课堂教学中“情感态度和价值观”目标的实现。

（二）结课设计的思路

结束新课的设计要以教学内容为基础，结合学生特点，使学生能够明了教学任务，理解和掌握知识，从而达成教学目标。因此，结课的设计思路应该从课堂小结与课堂延伸两个内部环节入手。

1. 课堂小结

教学是一个系统复杂的过程，教师在新课内容讲授时，往往会更倾向于要点的突出和难点的突破，更聚焦于各个知识点细节的处理，对于课程整体的脉络和结构，在教学过程中未必予以说明和强调。因此，在结课时，应该以归纳、概括、总结、梳理等形式对本课内容进行小结，使知识脉络化、系统化、条理化，从而有效帮助学生理解知识系统，构建知识体系，强化记忆，实现教学目标。

2. 课堂延伸

教学的目的是让学生将所学应用于实践，能适应社会生活。但在授课过程中，知识目标是课堂实践的重点，但教材中的知识以及教师开发的课程是有限的，背后隐含的更多素养需要学生去内化与延伸。所以，在下课前几分钟，需要教师将与课堂教学内容相关联又无法在课堂上解决的问题提出，让学生进一步思考与感悟，从而拓展思维深度，延伸课堂广度，开阔学生视野，促进知识深化，情感升华。

（三）结课的类型

1. 归纳总结法

归纳总结法是教师在课堂结束时，着眼整体，围绕中心内容，用简练的语言对所学内容系统地加以整理，进行归纳总结，帮助学生构建知识体系的一种结课方法。归纳总结法在于帮助学生在课堂学习中化繁为简，对教学内容能系统把握，最终形成完整的知识体系。

2. 首尾呼应法

首尾呼应法是教师在课堂结束时解答课堂之初所提出的问题，以为学生解惑的方式来呼应全课的结课方法。首尾呼应法不仅能使学生在上课之初产生的疑惑最终消解，而且还能使学生对所学知识有一个前后联系的整体感觉。

3. 承上启下法

承上启下法是教师根据系统的知识，对所学内容进行承上启下的结课方法。承上启下法不仅能使新旧知识紧密联系，又能激发学生的求知欲，为后续内容的教学做好必要的准备。

4. 梳理线索法

梳理线索法是教师根据所学内容或所属单元内容，引导学生采用梳理知识线索的方法而进行的一种结课方法。梳理线索法的益处在于用一条明晰的线索将散乱的知识进行串联，使学生更好地把握知识之间的内在联系，从而更全面地掌握所学知识。

5. 制造悬念法

制造悬念法也称存疑探索法，是教师通过设置疑问、制造悬念进行结课的一种方法。疑问是激发学生思维的支点，也是学生探究知识的起点。在结课中，教师通过创造性地设置疑问和制造悬念，能进一步激发学生解疑的动因和兴趣，为下一步的学习做好准备。

6. 提炼升华法

提炼升华法是教师有目的地对当节课所讲的内容进行挖掘，进一步揭示深层内涵，促进学生的情感、态度和价值观得以升华的结课方法。提炼升华法有助于学生通过课堂教学透过现象看到本质，把具体的知识上升到“情感态度与价值观”的高度。

7. 延伸拓展法

延伸拓展法是教师在课堂教学结束时有目的地把所讲的内容进行延伸，以启迪学生课后能主动继续思考相关问题的一种结课方法。延伸拓展法能将学生在课堂中的被动学习与课后的主动学习联系起来，使学生在课后继续探究课堂中的问题，进一步培养其学习的主动性。

8. 对比启发法

对比启发法是教师依据两个或两类不同教学内容的相似或相异之处，启发学生从一个问题联想到另一个问题，并学会用前一问题的分析方法分析后一问题的结课方法。对比启发法一方面可以帮助学生发现各个问题之间的异同；另一方面可使学生找出问题之间的内在关联，发现、分析问题的本质，进一步加深对教学内容的理解。

9. 联系实际法

联系实际法是教师在课堂教学结束时有目的地把所讲教学内容和现实社会生活的实际内容联系起来进行结课的方法。联系实际法能使学生将所学的知识和生活实践、生活经验相结合，找到理论和实践的关联之处，促进理论知识的学习。

10. 讨论补充法

讨论补充法是教师采用谈论的方式，以补充教材中未完全展现的内容的结课方法。由于教材的编写受到多种因素的限制，有许多内容在教材中只是“寓论断于叙事之中”。为了在课堂中能将这些隐性的知识提炼出来对学生展开教学，教师在结课时应对这些知识予以适当补充，以增强教学内容的完整性。

(四) 课堂结课的要求

1. 要水到渠成，结构完整

结课虽然是课堂教学中一个不可缺少的重要环节，但教学应把握节奏，为结课创设适宜的空间。因此，教师应对课堂流程进行整体设计，确保结课水到渠成，结构完整。

2. 要梳理归纳，形成体系

对于结课而言，应从整体上进行梳理归纳和形成体系。教师在结课时，要注意围绕教学的核心问题，恰当地梳理当堂所讲的知识，用概括性的语言对本节课的知识体系进行归纳，使学生能清晰准确地把握课堂所学知识的主题和内容体系。

3. 要突出学生的主体性和参与性

在当今时代，教师应是学生学习活动的指导者和引路人。现代教育中，学生的主体地位愈加凸显。这种主体地位体现在教学的各个环节，结课作为教学环节的重要组成，亦不例外。因此，教师在结课时，要注意突出学生的主体性，同时，也要进一步增强学生的参与性。只有基于学生的主体地位，引导学生积极参与，教师才能进行有效的点拨和启迪，从而促使师生共同完成节课，提高教学效率。

4. 要富有思想，具有感染力

结课凝聚着教师对教学内容的深刻理解，也包含了教师对学生下一步学习的期望。因此，结课不仅是要单纯地对知识进行归纳总结和形成结构，使学生更好地掌握知识，更需要教师在此基础上画龙点睛和提炼升华，用自己的思想和教学感染力使学生产生学习的激情，最终促进学生情感态度和价值观的提升。

第二节　课堂讲授与提问技能

一、课堂讲授技能

（一）课堂讲授技能的类型

课堂讲授的类型是指根据一定的标准对教师的课堂讲授技能所划分的种类。由于划分的标准不同，可以将教师课堂讲授技能进行多种形式的划分。在教学实践中，常常根据课堂讲授的具体特点和方式将课堂讲授技能划分为课堂讲述技能、讲解技能、讲读技能和讲演技能四种类型。

1. 课堂讲述技能

课堂讲述是教师通过叙述事实材料或描绘所讲对象的特点，向学生传授知识观点的一种课堂讲授技能，课堂讲述技能在大部分学科教学中均可应用，尤其适用于材料性学科的教学。根据讲述的特点可以将讲述分为叙述式讲述和描绘式讲述。叙述式讲述的言语技能要求条理清楚，注意突出重点和关键部分，对于事物、现象发生的顺序与结构必须有明确具体的交代。

另外，要注意语言的简洁明快、朴实无华，遣词造句要通俗易懂，要形象生动，充分发挥言语直观的作用。运用描绘式语言技能进行教学，除要求条理清楚，用词准确外，语言还要细腻形象、生动有趣，而且语调、语速应随内容的变化有所起伏，高低适度、舒缓得当。

2. 课堂讲解技能

讲解是指教师通过说明、解释、论证分析教学内容，帮助学生理解知识的方式，如解释概念、规则，论证公式、定理等等。在实际教学中，讲述和讲解的方式经常交织在一起，进行综合的运用。讲解与讲述的不同之处在于，讲解是讲理，重在解决“为什么”，并侧重发展学生的抽象逻辑思维能力，课堂讲解常用的方式有解说式、解析式、解答式等几种。解说式一般用来讲解无须定量分析的理论知识，因此，也是基础知识教学和基本技能训练的重要方法。解答式是以解答问题为中心的讲解方式，有一定探索性，常用于习题课上纠正学生作业错误时的讲解。

运用课堂讲解技能应注意以下问题：首先，语言的逻辑性要强，力求层次分明，充分说明各事物、现象和结论之间的因果关系。在分析问题时，要突出重点，一针见血地道出问题的实质。其次，在作结论时，语言要简练、准确，具有高度的概括性。再次，注意对重点问题还要通过声音抑扬顿挫的变化，不同措辞的重复加以强调。在解答问题或纠正错误时，多用启发性的语言，以激励学生独立地分析问题，解决问题。

3. 课堂讲读技能

讲读是教师在讲述、讲解过程中，指导学生结合教学内容进行阅读的一种教学方式，其特点是讲不离文，讲读结合，特别适用于要求口头训练的课，可以泛读，意在扩大视野，增加储备；对于重点内容则应精读，甚至能熟练地背诵，意在加深理解，深化认识，真正内化为学生自己的知识结构。从方式上看，应该将朗读与默读结合起来。对于叙述性或说明性材料，以默读为主；对于情节性或富有鼓动性的材料，以朗读为主，甚至将朗读与角色扮演结合起来，使学生如身临其境，产生强烈而深刻的内心体验。此外，在阅读过程中，教师还应注意适时向学生提出问题，使其带着问题阅读，以帮助理解。

4. 课堂讲演技能

讲演是教师通过深入分析教材，揭示其内在联系，论证事实，做出科学结论，在向学生传授系统知识的同时，培养其正确的立场、观点、方法的讲授方式。它与讲述、讲解、讲读的不同之处在于，其涉及的内容范围更深、更广、更具前沿性。

由于讲演所需时间较长而且集中，加之讲演形式单一，中间很少插入其他活动。因此，在运用课堂讲演的语言技能时要求除具有逻辑性、科学性外，还应具有启发性，能有效调动学生学习的积极性、主动性，启发引导学生积极思维、独立思考。其次，在运用讲演技能时，语言还要有趣味性。教师幽默风趣的讲授能使学生在兴奋的情绪中兴趣盎然地汲取知识。再次，讲演时还应将口头言语与其他言语形式相结合，如恰当运用板书，对口头讲授进行补充说明，使学生加深对学习内容的印象，从而提高演讲效果。如能合理运用现代声、光、电教学手段进行演示，讲演的教学效果会更加明显。

（二）课堂讲授技能的基本要求

1. 语言准确明晰、具有规范性

这是要求教师上课要用准确、明晰、规范的语言进行教学内容的表达。准确性，即要求语言正确、鲜明、恰当，在运用时要做到选词精确、词汇丰富、组词合理。

2. 讲授严密，具有逻辑性

这是要求课堂讲授要能够准确地使用概念、恰当地进行判断，严谨地进行推理，做到层次分明，具有内在的逻辑性。因此，进行课堂讲授时首先要使讲授内容符合事物发展的客观规律，教师在考虑问题和运用语言来说明问题时，应该把事情的前因后果、来龙去脉及发展变化说明白，使其具有逻辑性。其次课堂讲授过程还应该符合思维规律，并能体现学科自身的内在联系。要求教师的思维和语言表达既能体现知识的整体联系，又能体现知识的逻辑论证过程，做到思路清晰、有条不紊、层次分明，使讲授的内容和讲授过程具有较强的逻辑性。

3. 语言生动活泼，具有趣味性

讲授语言的趣味性要求教师上课时使用生动活泼、诙谐幽默的语

言，结合教学内容进行生动的叙述，形象的描绘。一方面，教师诙谐风趣的语言可以启发学生进行联想，提升他们领悟知识的能力，在良好的教学气氛中，学生轻松愉悦地进行学习，从而顺利地达到教学目的。

另一方面，教师幽默的语言可以培养学生的幽默意识，幽默可以使学生的神经活动增强，不仅可以提高学生身体的抗病力，而且有助于学生智力的发展。因此，教师用风趣的语言进行讲授是感染和熏陶学生幽默感的最好方式。

4. 针对学生实际，具有可接受性

课堂讲授要有针对性与可接受性，即教师要根据学生的知识水平、心理特点，采用学生能够接受的语言进行讲授。讲授的针对性与可接受性相辅相成、密不可分，只有考虑到学生的实际情况，教师的课堂讲授才是学生能够接受的。学生能够接受的课堂讲授，必定也是针对了学生的知识水平、能力发展、心理状态等具体实际情况而进行的讲授。因此，教师在讲授时，应因人、因时、因地、因事而定。

课堂讲授的针对性和可接受性，首先，表现在教师应根据不同学科的特点，使自己的课堂讲授能体现所教学科的风格和特点。文科教师的言语特点通常是叙述说明多于论证推理；而理科教师的言语特点则是论证推理多于叙述说明。因此，文科类课程强调教师课堂讲授的言语要准确鲜明、生动形象；理科类课程则强调教师言语要严谨、精炼、富有逻辑性。

其次，教学言语的针对性与可接受性也表现在课堂讲授要考虑不同发展水平学生的身心发展程度和知识水平。不同年级的学生，除有不同的知识水平外，还有不同的年龄特点。学生的年龄特点决定着学生不同的接受能力。

最后，教学言语的针对性还表现在课堂讲授应照顾不同学生之间和男女学生之间的差异。由于学生思想意识的差异和所处社会、家庭的不同影响，必然出现思想认识水平的差异。针对这些差异，教师在课堂讲授时应注意区别对待。

二、课堂提问技能

（一）提问的特征

提问的特征主要包括以下三个方面：一是提问是教师组织教学、教育过程的重要方法；二是教师通过各种方式，引起学生的反应，这些方式可以是明确的言语提示，也可以是教师的身体语言；三是教师提问的目的在于引起学生的积极反应，以达到组织教学的目的。

（二）提问对教师教学的作用

从现代信息论的观点来看，提问是信息的输出，学生解答问题的过程是对输入信息的处理，回答问题时将处理结果反馈给教师。从这个意义上讲，提问在教师教学中的作用有以下几点。

1. 传递信息

教师传授知识是信息的传递，每一节课都有教学的知识点、重点、难点，教师提出的问题往往都选在这些知识点上。通过提问，教师将这些知识传递给学生，并通过教师的教学行为实现重点的突破和难点的强调。

2. 获得反馈信息

教师提出问题，寻找不同层次的学生回答，从他们的表情和神态上观察他们对知识的掌握情况；从学生回答问题的方式、内容上了解他们的理解程度和知识巩固情况，了解他们的思维水平、言语表达能力以及技能的掌握情况等。通过反馈信息的掌握，教师可以随时针对学生学习的具体情况调整自己的教学策略。

3. 管理课堂

教师通过课堂提问可以集中学生的注意力，使学生的注意力指向于教师的教学内容。

（三）提问对学生学习的作用

1. 激发求知欲

提问可以把学生带入“问题情境”，从而激发学生的求知欲。求知欲是学生探索知识的积极心理状态，求知欲强烈的学生能积极主动地探索知识，创设问题情境是激发学习动机、培养求知欲的一种重要方法。

2. 促进学生的积极思考

学生的学习实质上是一个不断发现问题和解决问题的过程，而这个过程是大脑进行思维活动的过程。因此，提问能激发学生思考，引起认识上的矛盾，从而引发学生的积极思考。

教学不但需教师设疑，还需学生质疑，教学就是使学生从“无疑”到“有疑”，从“有疑”到“无疑”的过程。

3. 引导学生的学习

提问是教师引导学生学习的最有力的方式，教师通过提问，把教学的重难点突出出来，从而达到引导学生学习的目的。

4. 培养学生的表达能力

对教师提出的问题，学生是一定要用语言来回答的。面对教师的提问，学生需组织自己的语言予以回答，学生的语言表达能力可以从中得到锻炼。

(四) 提问的类型

1. 诱发探究新知识的提问

编拟诱发、探究性的问题，引导学生观察、钻研，从而由此及彼，由表及里，逐步认识事物的本质。

2. 低级认知提问

低级认知提问是侧重于检查知识掌握情况的提问，一般学生用所记忆的知识照原样即可回答，它包括记忆性提问、了解性提问、简单应用性提问，要求学生把学到的知识和技能直接运用于某一问题。

（1）回忆性提问。让学生回想已学知识或生活经历，为学习新知识提供材料的提问。

（2）了解性提问。检查学生对新知识认识掌握程度的提问。

（3）简单应用性提问。建立一个简单的问题情境，可以让学生用新获得的知识和已掌握的旧知识来解决新问题的提问（即“举一反二”的提问）。

3. 高级认知提问

高级认知提问是侧重于创造知识的课堂提问，一般学生要通过思考推理判断才能寻求到正确的答案。它包括理解性提问，综合性提问，评价性提问以及引发讨论的提问等。

（1）理解性提问。理解性提问要求学生对学过的知识进行解释和重新组合，能揭示问题的实质。

（2）综合性提问。综合性提问要求学生在头脑中将事物的各部分或个别特殊性联系起来，进行综合的灵活应用。

（3）评价性提问。评价性提问要求学生建立正确的思想观念或评价原则来评价他人的观点，判定方法的优劣等。

（4）引发讨论的提问。引发讨论的提问要求学生摆事实，讲道理，用证据维护自己的观点，反驳别人的观点。

（五）提问设计的基本要求

课堂教学问题的设计必须遵循以下四项原则：

1. 目标性原则

目标性原则是指课堂问题设计要为教学目标服务，教师必须围绕教学目标而选择提问的方法、优化提问的思路和注重提问的过程。

2. 个别性原则

个别性原则是指课堂问题的设计要符合学生的认知发展水平和学生的个性特点，教师所设计的问题要符合学生的认知发展水平并略高于这个水平，这样的问题才能激发学生思考的积极性。

3. 讲效率原则

讲效率原则是指通过优化提问思路来提高课堂提问的效率。课堂提问的设计应是联系的、有序的、明确的，要达到这样的目的，就必须优化提问思路，实现问题的思维价值。

在课堂教学中，为完成某一目标，往往要设计一组问题，这一组问题彼此相关，逐层递进，形成序列，反映问题设计的层次。

4. 提问要遵循难易适中的原则

心理学的研究发现，提问应当像摘果子那样，让学生在摘果子的时候“跳一跳”。

（六）提问技能的应用要求

第一，问题要紧扣教材内容，围绕学习的要求，抓住那些牵一发而动全身的关节点。这些关节点是教学内容的内在矛盾及其发展的问题，也包括教学内容的重点、难点和弱点上，以利于突出重点，攻克难点，揭示薄弱环节。

第二，提问应立足于培养学生的思维能力。一是深刻性。提问的内容必须建立在对课文中所描述的事件和人物进行形象思维到逻辑思维的抽象概括的基础上。二是逻辑性。即思维严密性和条理性。三是发散性。思维的发散性体现了思维的灵活性，举一反三性和合理性，要注意挖掘教材和利用教材中的某些知识点，巧妙地设计问题，引导学生灵活思考，寻求问题的多方面的答案。四是启发性。提问要能培养学生生疑、质疑的能力，教师的提问本身能够对学生起示范作用。

第三，提问的时机要恰当。教师提问应考虑学生的心理状态，寻找最佳时机发问，这样可以起到较好的作用。教师提问要掌握好火候，在恰当的时候提问，这样就会起到事半功倍的作用。

第四，提问要面向全体，能使全体学生准确清楚地领会问题。教师向整个班级的提问要远远高出向小组和个人的提问，而且提出的问题都是一些简单的问题，

第五，给予充分的思考时间。提问之后，要让学生动动脑筋，想一想，然后在适当的时间回答提问，以期达到调动学生积极思维的目的。

第六，允许学生犯错误。教师只有允许学生犯错误，学生才不怕犯错误，才能积极回答教师提出的问题。只有这样，学生才能放开手脚，畅所欲言，达到提问的目的。

第七，对学生回答要有预见性，并恰当地回答学生的问题。教师要能事先想到学生可能回答的内容，能敏锐地捕捉和及时纠正学生回答中

的错误以及思想方法上的误区。

第三节　课堂观察与倾听技能

一、观察技能

（一）定义

课堂观察是教师对教学对象在课堂上的学习行为、课堂情绪和自身授课效果的一种知觉活动。课堂观察技能是在课堂上教师感知学生学习行为，感知课堂情绪和了解自身授课效果的一种感知活动的行为方式。

（二）观察技能说明

在教学技能中，课堂观察技能与教学语言一样，贯穿整个教学活动的始终，掌握观察技能对于提高课堂教学的有效性具有特殊的意义。通过观察，教师可以了解到学生是否真正参与了课堂教学活动；学生参与教学的“质量”，即学生能否进行深层次的思维和情感投入；课堂教学目标是否实现；教师对学生的评价方式是否起到激励作用等等。

任何一种课堂观察行为之后，一般必然伴随着对教学行为的校正或调整。观察技能之所以受到重视，是因为掌握了观察技能就可以获取准确的反馈信息，获得了进行下一步教学的行动依据，调整自身的授课行为，以便教师选取适宜的技能，保持适宜的节奏、进行适宜的变化、保证课堂教学的效率。从这个意义上说，观察技能是与教学反馈、教学应答紧密配合使用的。

（三）观察技能的类型

根据不同的观察目的和不同观察要素的活跃程度，就构成了不同的观察技能类型。

1．探询观察

就像初次见面的两个人，双方都要互相审视对方一样，探询观察一般发生在年轻教师刚刚走上讲台时对学生的观察，还发生在教师候课阶段。有教学经验的教师往往在每节课上课之前的2～3分钟就来到教室门口或站到讲台上，观察学生的学习准备情况。这类观察的目的是了解学生对教师的接纳态度，探询观察的活跃要素是视觉感知。

（1）新任课教师对新班级接纳态度的观察。新任课教师需要了解新班级的学生对自己的认可程度。这时教师要观察班级的多数学生对自己是否欢迎，如果能觉察到学生对自己是信任的、欢迎的，学生会有一种期待的眼神或信任的表情，会有友善地微笑，会有配合学习的动作。

（2）候课观察。候课观察是一条很成功的教学经验。每堂课开始的时候，教师提前来到教室，有助于学生及时进入新课的心理准备。这时教师要认真观察学生是否做好了本节课的学习准备，如果学生做好了本节课的学习准备，教室里应该是安静的，纪律状态良好，课本等学习用品在课桌上码放整齐，学生的注意力应该集中在教师身上。

2. 随机观察

随机观察主要指课堂观察，是课堂观察技能的重心所在。课堂上学生的表情、学生的情绪、态度千变万化，但总是随机出现的。有经验的教师会抓住学生瞬间的变化，并能立即做出学生的需求判断，然后调整教学。

3. 验证观察

验证观察一般发生在新知识学习的后期，这时教师要了解学生对新知识的掌握情况，是否已经建立起新的知识结构。这时一般要配合提问技能、沟通技能或课堂测试，通过这些技能的配合才能观察到学生真实的内化结果。验证观察主要依靠视觉感知、听觉感知，验证的方法需要辅之以提问和测试。

（四）观察技能要素

1. 视觉感知

视觉感知也可以称为视觉观察，是观察技能的最主要的感知形式，“对于认识一个事物，视觉参与约90％的观察活动，起着最主要的作用……”教师通过眼睛了解学生的行为变化、神态表情，由此掌握学生学习时的情绪和认知状态。

2．听觉感知

听觉感知是一种辅助的观察形式，通过耳朵对声音的感受，了解学生在课堂上的语言节奏，回答问题时的语气、声调，感受课堂上的学习气氛，由此掌握课堂的学习气氛和学生对知识的掌握情况。在听觉感知中，有一种更为主动的感知方式，那就是倾听，倾听就是细心地听。

3．需求判断

需求判断是思维判断的结果，是对视觉和听觉了解的信息做出分析和推断的过程，推断教学效果，推断学生对知识的掌握情况，推断学生瞬间的学习态度。推断的准确性与教师的教学经验密切相关。

4．策略调整

策略调整是在需求判断的基础上，感知学生的学习需求，及时调控教学活动。如果感知判断学生的认知效果良好，学习情绪高昂，教师可以按照原定的教学方案继续自己的教学活动；如果感知判断学生认知困难，学生有焦躁情绪，产生学习疲劳，教师要及时调整自己的教学策略，或是变换讲解方式，或变换学习活动方式，或是变换教学技能……判断策略调整得是否适宜，是看学生在课堂上的学习行为是否集中到教师要求上来，学生的认知状态是否回归良好，课堂情绪是否重新积极。策略调整的有效性与教师的技能经验和教学机制密切相关。

观察技能的训练主要是训练教师敏锐的知觉能力、准确的思维判断能力和机智的教学应变能力。

（五）观察技能要素实现方法

1．如何倾听

随着教学技能研究的细化，聆听在课堂教学中的作用和功能正在不断地被开发和挖掘出来。通过大量教学聆听案例的研究可以发现，在教学中，特别在课堂上，聆听都是与其他的教学行为联动的。比如，倾听时教师要对学生表现出专注，要颔首微笑，要耐心倾听学生把意见或见解讲完。然而，这时的倾听，“听”的本质属性已经模糊了，它更多地体现了教师与学生沟通时的态度。

聆听与人们平常所谓的“听”，在感知声音和音响信息方面还是有差别的。一般听觉的感知往往感知到的是明显的声音信息，感知的是学生回答问题时的声调、语速、语言的节奏，了解学生的学习态度，通过与提问技能、沟通技能的配合，了解学生对知识的掌握情况，了解学生的思维症结。

聆听感知的是更为细致隐含的信息，有经验的教师会通过学生情不自禁发出的感叹声、学生回答问题的语气来体察学生的情绪，体察学生对教师讲解的认同状态，体察学生对教学效果的满足状态。

需要指出的是，用耳朵聆听比用眼睛看能更多地获悉课堂整体状况的潜在信息，俗语说：“言为心声。”学生在课堂上的许多声音，如啧啧声、感叹声，往往是不经意间发出来的，是认知满足或者困难引起的情绪、心境变化的一种不由自主的表达，“善于倾听的教师，可以准确无误地透视学生们思维行走的路径，感受到学生的困惑、疑惧、犹豫、兴奋、欢欣……”

明显的情绪可以观察，隐微的情绪依赖于感受，倾听是感受隐微情绪最佳的方式，在学生自己还没意识到自己的情绪发生了变化时，如果善于倾听的教师判断准确，常常会令学生感到神奇和佩服。如果教师在教学中能通过倾听准确感受到学生情绪的变化，那么其教学将臻于“化境”。

2. 观察学生的注意力

学生在课堂上学习态度的主要表现是学生的注意状态。学生的神情是注意力的重要观察点，对注意力最直接的观察应该是学生的眼神。

改善注意力的方法：①利用游戏、比赛。调动学生的竞争心理和游戏天性；②利用直观教学手段。直观相对于主要的教学传播手段——语言来说是一种变化，变化会重新唤起学生注意力的兴奋，直观包括教具直观和语言直观两种；③改变教学节奏。教学节奏是对思维节奏的控制，改变节奏会使学生情绪和思维产生新的兴奋；④教学语言要生动有趣。生动有趣的语言会令学生产生快乐的情绪，乐观的情绪会消除学生注意产生的紧张性疲劳；⑤课堂导入要新颖别致。导入有引领的作用，新颖的导入会使学生产生新鲜感，新鲜感会唤起学生的注意力。

3. 观察学生对教师和知识的认同状态

认同既是学习态度也是一种接受状态，认同包括两个方面，对教师的接纳和对教师讲授知识的接纳。

（1）观察学生对教师个体的认同。影响学生认同教师的因素很多，如教师的气质、教师的人格、教师的资历、教师的知识修养，等等。如果教师的某些气质、个性、行为举止和语言特点能符合学生的心理需求，能使学生感受到愉悦，这样的教师就会受到学生的欢迎，得到学生的信任；这样的教师发出的教学指令、教授的知识学生会出于一种敬服的心理甘愿接受，这就是对教师个体的认同态度。

学生认同教师在课堂上的表现主要体现在两点：①能认真听取和乐于完成教师的教学指令；②对教师讲授的学习知识充满信任，很少质疑，愿意接受。

（2）观察学生对教师讲授知识的认同。认同教师所讲授的知识是学生接受知识的起点，它是学生通过自身经验或知识内在逻辑推演而得出的价值判断之后的一种外显行为，学生通过对教师个体认同产生了强大的心理暗示作用。

强化学生对知识认同的方法：①教师熟练掌握所教授的学科知识，对讲授的内容自己要充满自信；②教师讲课的声音、语气要充满自信，以自身的自信感染学生；③教师要善于观察学生的表情和行为，特别是当学生出现狐疑表情的时候要及时解决。

4. 对学生内化程度的观察

内化状态是学生对知识的接受状态，内化过程是典型的思维过程，在内化过程中学生的神态表情、课堂行为与学生的学习效果密切相关，也是教师了解自身授课效果重要的观察指标。

教学的最终结果是学生要把教师讲授的知识内化为自己的知识。学生通过同化或顺应进行意义建构，形成新的知识结构。不同的认知层次学生的外显行为不同，教师观察学生的内化程度一般要借助不同的验证方式，通过提问、板演、做题、测试等手段，了解、观察学生对知识的掌握情况。内化状态是学生对知识的接受状态，两者可以互用。

二、倾听技能

(一) 课堂倾听技能的含义

课堂聆听技能是指教师在课堂教学中有效地觉察学生言语反馈信息的教学行为方式。

倾听是经常使用的沟通方式，倾听是学习的重要载体。

在教学中，教师要清楚了解学生的认知需求与学习情绪，灵活调整和选用教学策略，就必须学会随时倾听学生，有效地觉察学生言语所反馈心理信息，积极参与学生的构思和讨论，引导学生感悟知识，投入学习内容中。

(二) 课堂倾听技能的培养

1. 全面树立和切实贯彻“以学生发展为本”的理念

首先要热爱学生。唯有爱才能造就人。爱才能包容，爱才能忍耐。要耐心地倾听学生的诉说，聆听学生的需求，唯有无限地热爱学生，才能做到。其次，努力学习和实施新课程要求，坚持学生是学习的主体，全面关注学生的心理需求和情绪反应，采取有效策略，引导学生开展研讨学习、探究学习。

2. 全面提高课堂教学技能，成功应对课堂

学生的学习效果很大程度上取决于教师。教师在对学生进行教育时，如果教学技能高，就能够更好地激发学生对学习的兴趣，提高学生学习的积极性和主动性，增强学生的学习效果，把更多的知识传授给学生，促进学生更好地学习。同时，有娴熟的教学技巧的教师，能有效地倾听学生的反馈意见，成功地应对课堂可能出现的各种情况，把握通过学生的反馈而呈现的教学机遇，进一步引导学生感悟知识，参与学习。

（三）提高教师课堂聆听教学技能的策略

1. 教师以身作则，培养学生的倾听意识

要学生学会倾听，教师自己首先要学会倾听，作出表率。教师应用心地倾听每一个学生的发言，听完后给予必要的引导。这不仅是尊重学生，更重要的是给学生一个好的榜样，用自己的行动帮助学生增强倾听的意识。

2. 用“心”倾听，培养学生的倾听能力

每个人都有一颗心，在课堂上要把这颗心分成四颗“小”心，即静心、专心、耐心、细心，并且要“用”好这四颗“心”。

3. 开展激励评价，培养学生的自信心

当学生取得成绩或进步的时候，教师微笑的面孔，鼓励的眼神，约定好的手势和激励性的语言能让每个学生把注意力都集中起来听别人讲话，使每个学生在交往中都感受到别人认真聆听的表情。

第四章　成果导向教育视角下的课堂教学模式

第一节　成果导向教育的内涵

一、成果导向金字塔

成果导向教育以学生的学习成果为导向，认为教师应围绕“什么确实能让获得学习经验后的学生成功做事”这一问题，清楚地聚焦并组织教育系统中的每件事情，促使教育改革重点从重视资源投入变为重视学习成果，强调围绕学生的学习任务、专业设置、职业范围开展教学活动，重视培养学生适应未来、适应社会的综合能力等。成果导向教育倡导以学生为中心，重视学生的个性发展，注重扩展成功学习的机会，强调学生个人的进步表现和学业成就。对此，学校和教师应鼓励学生采取合作、协作等学习策略分阶段达成学习成果；采用多元化评价方式，制定相应的评估考核标准，并做好数据收集、整理和分析工作，以证明学生达到了预期要求，从而推动学生与学校的共同发展。

斯派蒂提出了成果导向教育金字塔的概念，并将其作为表达工具，刻画了成果导向教育的内涵。

（一）一个范例

范例即指成果导向教育的思想方法，也是成果导向课程设计所依循的价值取向。有别于传统教育一向关注的“何时”学习、“如何”学习，成果导向教育认为更重要的是什么能促使学生成功学习、是否能成功学习。范例就是建立在这样的假设之上，即所有学生均能成功，学生能否成功与学习路径密切相关，而与学习速度和认知水平关系不大。在成果导向教育金字塔中，范例用以指导成果导向教育金字塔其他各层的设计与实现。

（二）两个关键目的

此处所称的关键目的指的是成果导向教育的两个实施目的：一是构建成果蓝图。一个清晰的学习成果蓝图应勾勒出学生毕业后达到成功所需的知识、技能和素养，或称“高峰成果”。成果蓝图所描述的能力必须具体、可测量。二是营造成功情境与机会，如创设让所有学生达成预期学习成果的适宜条件和机会，精心设计学习情境，全力创造有利条件，降低失败的风险，将成功学习的机会最大化。

（三）三个关键前提

一是所有学生均能学习并获得成功；二是“学习成功是其他方面成功的基础”，学习的成功可以促进在别的方面进行成功的学习；三是学校掌控成功的条件，即学校是学习路径的设计者，对学生的成功负全部责任。

（四）四大执行原则

斯派蒂认为实施成果导向教育需要遵循四大原则：一是清楚聚焦，即清楚聚焦于重要的高峰成果；二是扩展机会，即努力为成功学习提供更多机会和支持；三是高度期许，即高度期待并准许所有学生都能成功；四是向下设计，即从最终目标、高峰成果向下设计所有的教学活动。

（五）五项通用领域的实践

成果导向教育涉及五大通用领域的实践：一是定义成果。成果既是全部教育活动的指向，也是学生的成功标准，因此，实施成果导向教育必须清晰明确地定义成果。二是设计课程。成果导向教育强调整合课程架构、教学授课、测验和证书等内容，提倡与生活情境相结合的跨科目领域及跨年级课程。三是教学授课。成果导向教育强调学生学到了什么、做出了什么，注重产出与能力，鼓励批判性思考、沟通、推理、评论、回馈和行动。四是结果凭证。成果导向教育实施多元评价，评价结果由达成最高绩效成就的标准及内涵来反映，并不强调学生之间的成果比较。五是决定进阶。成果导向教育认为所有师生均应拥有成功教学和学习的机会，学校应将取得高峰成果的历程分为若干阶段，分段设置成果次目标，再让学生逐步取得高峰成果。

成果导向教育金字塔涵盖了成果导向教育的全部思想内涵，既是对成果导向教育的理性把握，也是推广教育改革的行动指南。

二、成果导向教育的特点

（一）成果决定

成果导向教育特别强调“学习成果决定”，几乎每项教学活动的判断都与学习成果有关。成果导向教育要求清楚聚焦于学生学习成果的达成情况；要求课程开发以成果为参照，遵循向下设计原则；要求营造良好的学习情境，努力扩展机会，取得学习成果；要求评价要始终跟踪学生的能力进展，确保学生取得高峰成果。

（二）扩展机会

成果导向教育建立在对成功进行的假设基础上，因此，成果导向教育注重竭力扩展机会，反对对学生进行结构性区分或分类，采取包容性成功，主张成绩随学生学习与绩效的增进而改变，并仅关注阶段的最终成果。成果导向教育为学生提供了可修改、可变化的学习内涵，弹性回应学习需求，努力促使学生成功学习。

（三）成果为凭

成果导向教育以成果为凭证，要求学分与证书均与学校整体考量成果紧密相连，学生必须清晰地展现自己已达到学校所要求的绩效标准以获得相应学分。只要能够达到绩效标准，学生即可通过调整、转换等方式掌控课程，而且学生升学与毕业仅取决于学习绩效。

成果导向教育主张基于人的多元智慧解决问题，因此强调知识整合。成果导向教育对课程架构、教学授课、测验以及证书进行了跨领域整合，学校负责支持这种整合，包括采取跨科目、跨领域及跨年级整合的方法来引导学生展现联结能力。

（四）教师指导

成果导向教育将教学的中心还给学生，强调教学指导。教师应善用示范、诊断及评价、适切回馈和建设性介入等有效教学策略来引导、协助学生取得预期成果。

（五）高峰成果

成果导向教育强调学生所能取得的高峰成果。对此，学校和教师应关注学生经过学习和练习后的最终高峰表现以及毕业离校进入职场时能够成功做事的能力。

（六）包容性成功

成果导向教育强调包容性成功。为了让所有学生均能成功，学校必须一贯、系统地遵循成果导向执行原则以创造各种获得成功的机会，采取鼓励学生跨组别学习不同的课程架构、接受各种评价、获取各样证书等措施促使学生成功，引导学生取得高峰成果。

（七）合作学习

成果导向教育认为团队合作是促进共同成功的重要学习方式，倡导合作学习，鼓励运用协同合作、团队工作等模式扩展成功机会，让所有学生均能达到成功标准。

（八）达成性评价

成果导向教育强调达成性评价，即标准效度。评估效度是依据学生个人是否达到既定绩效标准确定的，其评价结论大多为“符合/不符合”或“未达到/超越”等。

（九）协同架构

为了满足高水平需求，成果导向教育采取具有网络结构的协同架构，即教师通过长期沟通、协同合作来创造和开发课程，实施教学评价，引导学生达到绩效标准。

第二节　成果导向教育的实施

一、成果导向教育的实施原则

（一）清楚聚焦

成果导向教育要求教师清楚聚焦于学生在一段学习经历后所能取得的最终学习成果，认为教师的任务是帮助学生发展知识、技能和个性，使他们能够取得预期成果。清楚聚焦是成果导向教育实施中最重要、最基础的原则。为贯彻清楚聚焦原则，成果导向教育对教师提出了以下建议：首先，建立一个清晰明确的学生学习成果蓝图，以此为课程设计、教学授课、学习绩效评价的起点；其次，无论是教学设计还是评价设计，都应以学生成功地展现学习成果为前提；最后，教师应自始至终地以伙伴关系介入学生的学习过程，目的是协助学生取得各阶段成果，并与学生共同分享成功的喜悦。

（二）扩展机会

扩展机会指确保所有学生均能成功。成果导向教育充分关注学生的个性差异，强调不必以同种方式在相同的时间为所有学生提供相同的学习机会，也不必要求所有学生在同一时间取得成功。成果导向教育要求学校和教师以弹性方式回应学生的差异性需要，为学生公平地提供可选择的学习资源，建立多元评价机制，使学生能以多种方式展示学习成果。

（三）高度期许

成果导向教育期待并准许所有学生成功学习。高度期许强调采用高层次的课程和高水平的绩效标准。对此，教师必须致力于提高标准的可接受度，创设良好的学习情境，善用不同的教学形式，鼓励学生采取不同的学习方法，引导学生在挑战性的学习过程中获得较高成就。高度期许比高标准的内涵更丰富。高度期许除强调高标准外，还强调提高达到标准的可能性。

成果导向教育要求教师最先定义学生学习高峰成果。所有教学活动均由高峰成果向下设计，充分考虑所有迈向高峰成果教学的适切性，以确保取得高峰成果。

向下设计有两点要求：第一，从期望学生最终取得的高峰成果反推，得出基础成果和零碎成果。其中，基础成果是学生取得高峰成果的过程成就，是取得高峰成果的关键，也是学习绩效的基本；零碎成果是较不重要的课程细节。在课程和教学设计方面，必须遵循使难度自下而上逐级增加的原则，引导学生逐步取得高峰成果。第二，无论是否情愿，教师都应尽力取代或删除不重要的零碎成果。教师必须始终聚焦于基础成果与高峰成果，排除或置换不必要的课程细节，有效协助学生成功学习并取得高峰成果。

二、成果导向教育的实施要点

（一）定义学习成果

定义学习成果是建立成果蓝图的过程，是实施成果导向教育成败的关键。学习成果定义是否得当、确切，会直接影响后续教育活动各个环节的质量。在定义学习成果时，应充分考虑教育利益相关者（政府、行业、教师、学生、家长）的要求与期望。一般情况下，学习成果需要转化为可测量的绩效标准，从而通过直接方法或间接方法检测学生的达成情况。

（二）开发设计课程

成果蓝图所描述的是毕业生预期的能力结构，这种结构需要通过课程体系来实现。因此，开发设计课程、构建课程体系对学生成果蓝图的达成具有重要的作用。课程体系要全面覆盖能力指标，并在两者之间建立一种清晰的映射关系，要求学生完成课程体系的学习后，能够取得全部预期学习成果。

（三）实施教学

实施教学重点强调教学的策略与方法。在教学策略与方法方面，成果导向教育强调教学的输出，即学生的学业表现，只要是有助于学生自我表现或学习成果展示的策略和方法，成果导向教育都不会排除；强调指导学生采用问题本位学习、社群本位学习、多专业学习等学习策略；强调指导学生采用讲演、小组任务及独立研究等学习方法；强调指导学生采用高仿真模拟器、E-Learning 等先进的学习技术。

（四）评价结果

评价结果指成果导向教育采取达成性评价方式，聚焦学习成果是否已达成。成果导向教育的教学评价强调达成学习成果的内涵和学生的个人进步；采用多元评价系统，根据学生个人所能达到的能力程度进行针对性评价，并以此为指导教学和改进方法的参考依据。

（五）决定进阶

决定进阶指依据向下设计的原则，将高峰成果逐级设计为基础成果。这些基础成果之间是低级与高级的有机结构，要求学生分阶段逐级达成。在课程与教学设计上，不同阶段的基础成果应呈现开放状态，确保其内涵的难度或复杂程度逐级增强，准许学生花费不同时间、通过不同途径和方式循序取得高峰成果。

三、成果导向教育的实施策略

成果导向教育没有固定的课程模式，是一种包容性的理论。成果导向教育的课程规划未要求教师、学生采取固定的教学、学习方式，却鼓励教师善用批判性思考及广泛、多元的方式，引导学生依其个别差异与需求进行学习，以达到预期的学习成果。可见，成果导向教育视角下的课程强调教学的输出，即学生的学业表现。也就是说，只要是有助于学生自我表现或学习成果展示的策略和方法都可以采纳。

（一）遵循行动导向学习理论

成果导向教育理论为构建、培养学生能力体系的课程开发方案提供了指导，而行动导向学习是在课堂教学中实现学生能力培养的有效方式。

行动导向学习是指在教学目标的引导下，学生进行主动的和全面的学习，并通过行动学习培养关键能力。这种倡导“做中学”的学习理论目前被认为是在课堂中开展成果导向教学最为贴切的理论。在行动导向理论诸多种类中，自主学习、合作学习、行动学习和体验学习四种学习理论较为常用，可在教学设计和实施中根据实际情况选择运用。

（二）采用能力培养课程模式

能力培养课程模式种类较多，较常采用的有能力本位、学习领域课程、模块式教学等模式。成果导向教育要求根据教学目标，紧扣教学内容的特点，选用适切的课程模式。在通识课程和公共基础课的教学中，需要将生活或工作场景搬入课堂，探索实施教学内容生活化、教学手段情境化、教学过程情境化的有效模式。

（三）选用行动导向教学方法

成果导向教育要求在教学方法的选用上具有更大的灵活性。课程的性质特点、学生的实际情况、教学资源配备情况，甚至是教师本人的特长等都是选用教学方法的重要依据。行动导向教学法是适合学生能力培养的教学方法，常用的种类有很多，包括问题解决教学法、案例教学法、项目教学法、引导教学法、角色扮演教学法、任务驱动教学法、头脑风暴教学法等。对于不同的教学单元，可以选用不同的教学方法，也可以将两种或多种教学方法组合使用。

（四）采用多元评价方式

成果导向教育指导下的课程需要用多元的评价方式检验学生的学习成效。

评价内容多元化、方式多元化、主体多元化、呈现方式多元化是多元评价的主要表现形式。多元评价关注学生任何阶段的学习成果，能够弹性地回应教学需求，在评价中挖掘学生的潜能，赏识学生的学习成果，调动学生的学习积极性，促使学生努力学习并取得成功。

第三节　成果导向教育视角下的课程模式

一、学习领域课程模式

学习领域是一种主题学习单元，由能力描述的学习目标、任务陈述的学习内容和相应的学习时间三部分组成。

（一）学习领域课程模式概述

1. 学习领域的定义

学习领域是指由学习目标描述的主题学习单元，是按职业任务与职业行动过程取向设置的，学习领域是建立在教学论基础上，由学校制定的学习行动领域，包括实现该专业目标的全部学习任务，能够通过行动导向的学习情境具体化。一个学习领域由能力描述的学习目标与任务陈述的学习内容加以确定，并给出相关的学习时间。因此，一个学习领域的组成包括学习目标、学习内容和学习时间三个部分。一般情况下，一门专业的课程由10～20个学习单元组成。由与该专业相关的职业活动体系中的全部职业行动领域导出学习领域，并通过适合教学的学习情境使其具体化的过程被概括为“行动领域—学习领域—学习情境”。

2. 学习领域课程的特征

第一，通过行动来学习。学习领域的最大特征在于通过整体、连续的“行动”过程来学习，将与专业紧密相关的职业情境作为确定课程内容的决定性参照系。

第二，通过六步教学法来实施。教师是学习过程的组织者与协调者，教师通过“信息、计划、决策、实施、检查、评估”六步教学法，让学生独立地获取信息、独立地制订计划、独立地实施计划、独立地评估计划，使学生在自己动手实践中掌握职业技能，习得专业知识，从而构建属于自己的经验、知识或能力体系。

（二）学习领域课程模式的应用

首先，学习领域课程模式注重对综合素质的培养，注重在发展专业能力的同时，促进学生关键能力的发展；其次，学生是学习的主体，学生需要在满足企业岗位要求的同时，获得职业生涯发展潜力；再次，学习内容的基础来源于工作实践中某一职业的典型工作任务；最后，学习过程具有工作过程的整体性，学生能够在综合行动中思考和学习，完成从明确任务、制订计划、实施检查到评价反馈的整个过程。

1. 学习领域课程设计思路

学习领域课程的学习情境是依据工作过程导向，以典型工作任务为基点，按照难易程度依次递进的思路设计的。通过对学习情境的学习和反复训练，学生不仅能够掌握某领域的专业知识和专业技能，真正具备观察、分析问题，理论联系实际解决问题的能力，还能够全面具备职业规范、职业道德和职业纪律等综合素质，通过学习的过程掌握工作岗位需要的各项技能和相关专业知识。

2. 学习领域课程开发的方法

第一，通过企业调研，召开实践专家研讨会。实践专家不仅可以是企业管理者，还可以是生产一线的工人。学校要与他们一起对工作岗位进行分析，得出几个关联紧密的工作任务。

第二，对典型工作任务的职业行动、目标及具体工作学习内容进行分析、归纳，整理出典型工作任务描述表。

第三，针对典型工作任务确定并描述对应的学习领域，依照职业成长和认知规律，以工作过程结构不变、学习难度逐步递增、学生自主能力逐步增强的原则划分设计学习情境，可以将其理解为一个个小型的学习单元。

第四，针对学习情境，以传统的教师指导与学生自主构建有机融合为教学原则，进行学习领域课程的课堂设计，包括教师设计引导文、学习评价标准和教师考核评价表、学生互评表等。

3. 学习情境的设计要求

学习领域的表现形式是由若干个学习情境构成的，因此，设计学习情境是学习领域课程的核心。学习情境的设计应遵循以下要求：

第一，适量性。一门学习领域课程至少要设置三个学习情境，以保证学习任务的完成，形成经验的积累。学习任务的难易程度要适当，任务的难易程度必须保证大多数学生都能够通过努力完成。另外，一个学习情境的课时量一般以20～30学时为宜。

第二，类别性。一门学习领域课程的不同学习情境通常属于具有相同特征的同一范畴或同一类别的事物。通过学习情境内容的差异性，学生既掌握了新的知识和技能，又通过学习情境的实施过程、步骤及方法的重复，不断积累了经验，达到熟能生巧的目的。学习情境是与学生所学习的内容相适应的包含任务的工作活动事件，用以实现能力的渐进提高，以解决工作中出现的疑难问题。

第三，过程性。对于不能按类别划分学习情境的课程，可以考虑按过程或步骤来划分学习情境。学习情境的划分要考虑可操作性，一个学习情境是一个独立的学习单元，其实施过程需要连续完成，但同时也要注意学习情境必须有完整的边界，不能交融、交叉，要体现完整的工作过程。

第四，关联性。学习领域课程各学习情境之间都应具有一定的关联性，通常存在以下几种关系：一是串行关系。学习情境是相互独立的工作任务，但前后两个情境之间有先后顺序关系，找准每个串行情境间的逻辑顺序，情境之间就可采取串行关系排列。二是并列关系。每个学习情境都是由独立的学习任务构成的，对前后顺序没有严格要求，情境之间可采取并列关系排列。三是递进关系。这也是符合教育认知规律的最好的关系模式。学习情境是由简单到复杂、由单一到综合或由低级到高级的过渡，各情境之间可采取递进关系排列。四是包容关系。如果后一个学习情境包含前一个学习情境的学习内容，具有环环相套的包含关系，情境之间就可采取包含关系排列。

4. 学习领域学习情境的实施步骤

完整的学习情境实施包括资讯、计划、决策、实施、检查、评估六个环节。只有参与完整的学习情境实施过程，学生才能逐步形成职业实践所需要的社会归属感、责任意识、职业创造能力。

5. 应用学习领域课程模式的注意事项

首先，转变教师的教育教学观念。教师习惯在学科课程体系下教学，而学习领域课程模式以工作过程系统化为理论基础，与学科课程的理论依据完全不同，更强调按工作过程而不是按知识系统组织教学。从学科体系的角度来讲，学习领域课程的内容及所选择的载体是综合的、跨学科的，这对教师而言是严峻的挑战。

其次，组建专兼结合的教学团队。要根据某门学习领域课程的课时数、课程难度范围（典型工作任务的综合化程度和学习的难易程度）来组建教学团队，以专兼职教师合作为宜。专职教师主要负责引导学生学习必要的理论知识，而企业兼职教师则主要负责引导学生进行实践操作。教学团队必须根据每个具体的教学进程设计具体体现行动导向思想的教学方法。

再次，建设理论与实践一体化教学场所。学习领域课程实施是在真实或者模拟真实的工作环境中按照工作的方式进行的。一个完整的工作环境包括劳动者、劳动对象、劳动资料，缺少一个学习领域课程就难以进行。学校要通过调动社会的办学积极性，面向整个社会统筹教育资源，改善办学条件，加强学校之间的资源共享，提供学习领域课程实施所需的硬件条件。理论与实践一体化教学场所正是学习领域课程实施需要的教学硬件条件，它按照典型工作任务完成的流程（工位）进行设计：既有教室的功能又有实训室的功能，既有教学的功能又有职业活动的功能。

最后，注重校企联合、产教融合。学校应积极与企业建立联系，联合成立以教学、科研、生产为一体的实训基地或与企业联合办学，组织教师深入企业、行业内部进行实践，让教师到企业上岗，使教师在工作过程中了解企业、行业的运作方式、工作流程以及对劳动者能力要求的变化和新技术、新趋势。教师通过亲自参与经营管理、项目设计、现场施工等职业活动，能够积累更多、更新的生产管理经验，形成职业技能，并将这些经验和技能应用到教学工作领域。

二、CDIO工程教育模式

CDIO是构思（Conceive）、设计（Design）、实施（Implement）、运作（Operate）四个英文单词的缩写，CDIO工程教育模式的中国化有利于培养我国学生的创新精神和实践能力，有利于我国的教育改革。CDIO工程教育模式通过系统的产品设计培养学生的专业技术知识、个人能力、团队工作和交流能力以及学生在企业和社会环境下对产品系统进行构思、设计、实施、运行的能力等综合素质。CDIO工程教育模式既是一种工程教育实施方案，又是一种工程教育理念。

（一）CDIO工程教育模式概述

1. CDIO工程教育模式的含义

CDIO工程教育模式是近年来国际工程教育改革的最新成果，它以从产品研发到产品的运行、维护和废弃的全生命周期为载体，建立了一体化的相互支撑和有机联系的课程体系，让学生以主动的、实践的方式学习工程，是“做中学”原则和“基于项目的教育和学习”的集中体现。

CDIO工程教育模式的核心是通过构建一个“构思——设计——实施——运行”的工程教育背景环境，使学生在CDIO工程教育的全过程中不断提高自学能力、组织沟通能力和团队合作能力。其核心内容包括三个目标、一个愿景、CDIO教学大纲以及CDIO标准。

2. CDIO工程教育模式的理论基础

作为工程教育改革的创新工具，CDIO工程教育模式的框架提供了面向学生的教育，即强调在构思—设计—实施—运行的现实世界系统和产品过程中学习工程的理论和实践，其理论依据如下。

（1）环境与系统理论。环境与系统理论按系统方式的要求，采取由外（环境）而内（系统）的路线。

（2）生命周期理论。构思——设计——实施——运行的生命周期要求教育重在培养能够运用知识或技能对社会产生积极作用的人才。因此，从生命周期理论来看，CDIO 工程教育模式这一创新性的改革模式值得我国借鉴。

（3）知行合一理论。知行合一作为一种教学理念，在强调“知”（理论）的同时强调“行”（实践），坚持理论与实际相结合，既要着力于人才培养模式的理论研究、框架谋划、方案制订，又要注重结合实际，强调实用，付诸实践，取得实效。CDIO 工程教育模式在强调学生重视学习理论以进行构思与设计的同时，还强调学生的技术技能、实践能力与职业态度等，很好地体现了知行合一的思想。

（4）价值链理论。每一个企业都是在设计、生产、销售、配送和辅助其产品的过程中进行种种活动的集合体，而集合体的所有活动都可以用一个价值链表达。CDIO 工程教育模式包含四个阶段，而且与企业内部的价值链相一致。比如，价值链集合体中的设计涵盖了 CDIO 工程教育模式的前两个阶段，即构思与设计，具体包括定义需求与技术，考虑战略与规章制度，开发概念、构架与商业案例以及描述将被实现的计划、草案和运算法则。价值链集合体中的生产过程对应于 CDIO 工程教育模式的第三个阶段——实施，即把设计阶段的计划转化成真正的产品，包括制造、编译、测试和验证。价值链集合体中关于销售、配送和辅助其产品的过程则对应于 CDIO 工程教育模式的最后一个阶段——运作，即通过产品的实施达到想要的价值，包括维护、演进、服务等。

（二）CDIO 工程教育模式的应用

1. CDIO 工程教育模式的设计

CDIO 工程教育模式的基本设计路径即明确专业培养目标，制定专业培养标准，构建一体化的课程，实施计划教授与学习方法，建立保障与持续反馈改进体系。

CDIO 工程教育模式的设计要改变传统课程以学科知识为中心的结

构，通过项目的形式将课程内容和相关的学习效果融为一体，从而促进课程之间产生知识性的联系，进行一体化课程设计。CDIO 工程教育模式适合设计类课程，适用于对学生创新能力的培养。

2. CDIO 课程开发的要求与结构

（1）开发要求。CDIO 工程教育模式下的一体化课程计划是一种在整合工程学科知识和专业知识的基础上，实现知识、能力和态度一体化培养的课程设计，其要求是理论与知识的一体化，知识、能力和态度培养的一体化，专业技能与人文素养培养的一体化。

CDIO 工程教育模式下的课程开发，以产品、过程和系统为背景，以设计项目为载体，通过各级设计使学生将学到的理论知识应用于实践，实现工程能力和工程素质的提升，达到专业培养标准。

CDIO 工程教育模式下的课程要明确每一门课程的具体要求，而且这个要求只与课程有关，与具体的授课教师无关，任何授课教师都必须严格执行。具体来说，就是进行以课程档案为核心的课程文件详细设计。

课程档案要细化每门课程/环节在专业培养计划中的贡献，并明确课程的性质与目标、学时安排、教学方法、先修课程、后续有关专业课程和教学环节、课程综合计分方法、教科书与参考书以及重要的学习内容与时间节点等。

CDIO 工程教育模式一体化通过工程概念的应用深化应用知识，并强调工程实践中能力的重要性。根据一体化课程设计的原理，CDIO 工程教育模式可以通过项目设计将整个课程体系有机而系统地结合起来，使学生需要学习和掌握的所有知识与能力成为一个有机整体。CDIO 工程教育模式一体化主要表现为工程设计项目一体化设计、工程实践项目一体化设计、根据课程群设置项目和综合型工程实践项目等。这种课程与课程之间的整合，结合工程实践项目形成相互支撑的结构，很好地将基础知识的学习与能力的培养整合在课程的学习中。

（2）课程结构。一体化课程计划结构包括三个关键组成部分。①工程导论课程。该门课程设置的目的是为学生提供工程入门经验，激发其学习工程专业的兴趣，使其尽早掌握目标体系中要求的个人能力以及产品、过程和系统构建能力等，并为未来的学习建立一个模式框架。②学科课程和专业课程。这些课程通常是专业学习的必要核心内容，包括工程专业课程和相关的设计项目。这些课程通过学科交叉和有机融合的方式来展现工程，以全新的结构对课程进行重新组织和排序，实现理论知识、个人能力、产品过程和系统构建能力的整合。③毕业环节课程。这是一体化课程计划中的最后一门课程，一般以设计实现项目的形式出现，为学生提供产品过程或系统的构思、设计、实施、运行经验，要求学生把理论知识运用到实践中去。

3. CDIO 工程教育模式的实施

在教学模式改革过程中，首先要对现有的教学模式进行分析，指出其问题和不足，并提出如何在课程教学中实施 CDIO 工程教育模式，即采用案例教学法、项目教学法、课堂讨论法等，积极发动学生参与教学实践，建立产品为导向的工程价值观和不畏困难的工程师态度。此外，公共课程教学模式也在倡导 CDIO 理念的渗透与应用，采用此模式的课程，以就业为导向，以“就业课程”为项目，让学生进行构思、设计、实施和运行，提高了其合作与沟通能力，收到了良好的效果。

因为成果导向教育的课程未要求教师、学生采取固定的教学、学习方式，只强调学生能力的提高（成果），而 CDIO 工程教育模式提供了具有可操作性的能力培养方法，所以成果导向教育与 CDIO 工程教育模式能够进行有机的结合。

4. 应用 CDIO 工程教育模式的注意事项

第一，教师要更新教育观念。更新教育观念，推进教育创新，教师的作用至关重要，这需要学校从中做大量的工作进行引导和推动。尤其是在教师的工作考核上，要建立一套完善的评估标准，激励教师主动参与改革。

第二，围绕一体化思路进行改革。学生培养本身是个系统工程，进行 CDIO 工程教育模式改革必须站在系统的角度，以一体化改革的思路，围绕专业培养目标合理设置课程，明确课程教学目标和教学内容，规范课程名称；明确课程之间的主次关系、层次关系以及内在联系，明确课程在专业培养中的作用。

第三，培养学生对工程环境的认知能力。学生是教学活动的主体，也是进行CDIO工程教育模式改革的最大受益者，学生对工程环境的认知及工程意识的培养是工程教育改革的核心内容，不同年级的学生应有不同层次的工程认知要求。首先应该培养学生的工程意识和对实际工程的兴趣，了解工程的基本概念，使学生逐渐学会以工程的角度来思考问题和解决问题；其次要鼓励和支持学生通过自身实践培养产品、过程和系统构建能力，学习专业知识和社会经验。

第四，过程管理与量化考核需配套。如何有效地实施过程考核与管理是关系到CDIO工程教育模式改革成败的关键因素，也是一个难点。改革会增加教师的工作量，要想激励广大教师参与，让真正付出辛劳的教师得到认可和回报，让培养学生能力和素质的大纲在教学的各个环节能有效体现，需要有一套合理有效的过程考核与管理体系。

三、MES课程模式

（一）MES课程模式概述

1. MES课程模式简介

MES（Modules of Employable Skills）被翻译为“模块式技能培训”，是国际劳工组织在借鉴“阶段式培训课程模式”以及“模块培训”等先进经验的基础上，运用系统论、信息论和控制论开发出来的典型职业培训课程模式。它是一种以培养学生的职业技能为目标的模块式课程模式，又称“模块式职业技能培训模式”。

MES课程模式以为每个具体职业或岗位建立岗位工作描述表的方式，确定该职业或岗位应该具备的全部职能，再把这些职能划分成各个不同的工作任务，将每项工作任务作为一个模块。该职业或岗位应完成的全部工作就由若干模块组合而成，根据每个模块的实际需要，确定完成该模块工作所需的全部知识和技能，每个单项的知识和技能称为一个学习单元。由此得出该职业或岗位 MES 培训的模块以及用学习单元表示的培训大纲和培训内容。MES 课程模式对每个模块再进行实验步骤划分，根据完成每个操作步骤的需要，从认知、动作、态度等方面确定完成该步骤所需的全部知识和技能，然后对每个单项的知识和技能进行完善和规范，以每个单项的知识和技能编写一个小册子的方式，开发出 MES 培训的专用教材—学习单元，每个模块的培训就由完成组成该模块的若干个学习单元来实现。

MES 课程是针对职业岗位规范进行就业技能培训的模块课程组合方案，其着眼点是通过一个单元模块的学习，使教师获得社会生产活动所需的实际技能，每个模块都是可以灵活组合的技能与其所需知识相统一的教学单元。MES 课程打破了先理论后实践的界限，对教材内容进行分解、调整，以模块为单位划分教学内容，在教学过程中以模块的先后顺序，按其有机组合进行重组，以适应现场实际操作教学的需要。

MES 课程模式于 20 世纪 80 年代中期引入我国。多年来，我国在推广运用 MES 课程模式开展技术培训工作方面取得了很好的成绩。MES 课程模式具有较强的弹性和个性，学生可以自由地选择不同的模块组合。这种课程模式非常适合进行岗前培训与继续教育，因此，它被广泛应用于各种职业培训机构的课程开发。

2. MES 课程模式的主要特点

MES 课程模式有以下特点：①缩短了培训与就业的距离。MES 课程模式突破了传统的以学科为系统的培训模式，建立了以职业岗位需求为体系的培训新模式，这就使培训更加贴近生产、贴近实际。②有助于提高学习效率。MES 课程模式有利于学生在学习动机最强烈的时候，选修最感兴趣和最需要的内容。学习兴趣越浓，学习的效果就越好。③有利于保持学习热情。MES 课程模式中的每个模块都比较短小，且有明确的目标，有助于学生看到成功的希望，并使学生在较短的时间内为获得成功而满怀热情地奋斗。④具有开放性和适应性。MES 课程可以通过增删模块或单元来摒弃陈旧的内容和增添新的内容，从而保证培训内容总体上的时代性和先进性。⑤具有评估反馈系统，对社会生产和经济的发展有快速反应的能力。

（二）MES课程模式的应用

1. MES课程模式的开发步骤

MES课程模式以实用主义哲学为指导思想，遵循“按需施教，学用一致”的原则，按以下操作步骤实施开发：①进行岗位分析，把岗位划分成模块。每个岗位的工作任务是由若干个部分（程序或工序）组成的，每个部分就是一个模块。②进行模块分析，把模块划分成若干个单元。每个模块都是由若干项技能组成的，每项技能就是一个学习单元。一个模块有多少项技能就有多少个学习单元。③开发学习单元，对每个学习单元中的技能与知识进行科学的组合，确定技能训练的内容、标准、要求和方法，设计训练所必需的专业知识和学习要求。

2. 应用MES课程模式的注意事项

应用MES课程模式需要注意以下几个方面：①教师应该转变传统的思想观念，接受“以学生为中心，以技能为中心”的全新教学理念，努力将传统教育转变为符合认知规律的以学生为主体的发现、探索、建构式学习过程。②课堂教学中注重学生的个性思维，注重研究性学习模式的引入。在MES课程模式教学中，教师是引导者，学生是具体实施者，要突出学生的个性发展，充分发掘其潜力。③教学过程中要充分利用现有的教学设施，注重培养学生的实际操作能力。④保证模块教学与课程整体目标一致。对于MES课程模式来讲，教师要弄清每个模块的目标和模块间的联系，这对教师的要求较高，教师要通过不断学习和培训成为双师型人才。

3. 应用MES课程模式的教学优势

(1) 有利于弹性选修课的实施。对于学校的“选”，由于模块可以灵活组合，可以解决相对稳定的办学模式与劳动力供求变化的矛盾；对于学生的“选”，由于每个模块相对独立，可以单独考核，使学生能根据自己的特点予以选择，而课程个性化是现代课程的重要特点。此外，模块化也为学习时间上的纵向选课和学习地点的横向选课创造了条件。

（2）有利于教学计划的调整。课程方案设计者通过保留多数模块而开发少数模块的方式，不仅能及时更新教学内容，调整教学计划，以适应科学技术的迅速发展，而且能大幅缩短开发周期。

（3）有利于教材开发资源的合理配置。课程模块化将教材分成通用模块和专用模块，并制定教材评估标准，建立教材评估体制，既能使教材出版有序化，又能提高教材质量，还能降低教材开发成本，有利于教材开发资源的合理配置。

（4）有利于多元整合型课程的推行。各模块相对独立，便于不同功能和性质的模块采用不同课程原则的教育思想，从而有利于多元整合型课程的推行。

（5）有利于激发学生的学习动机。MES课程每个模块的学习周期短，学生的学习结果可得到及时的评价与反馈，有利于激发学生的学习动机。

第五章　互联网视角下的混合课堂教学模式

第一节　慕课教学模式

一、慕课教学模式的优势

（一）开放性

慕课教学模式的开放性主要表现在以下几个方面：首先，慕课教学模式的开放性体现在对受教育群体的全面开放，将“有教无类”这一思想真实地嵌入教学实践当中。其次，开放性也意味着高质量的教学内容。教师将录制好的教学视频上传至慕课平台，并接受来自全社会、同行业和各种受教师的检验和监督。再次，慕课教学模式拥有更加开放的教学形式和学习形式。最后，幕课教学模式的开放性究其根本在于教育理念的开放。

慕课教学模式及其所传递的利他主义精神和知识公益精神为当前的教育理念转变提供了新的方向，为知识的传递及资源的利用提供了一片坦途。

（二）无时空限制

无时空限制作为慕课课程的基本特点之一，首先，这意味着教育的实施者和发起者可以将教学内容、课程与资源不受时间空间限制地上传至网络平台。随着网络信息技术的进步与革新，上传手段和内容方式也更加多样，更加迅捷，这将极大地有利于网络平台知识的实时更新。

其次，有利于减少学生的学习空间和时间的限制。这也就意味着所有具备上网条件之人，皆可不受时空限制，依照自己的兴趣爱好和生活节奏开展学习，并及时得到学习反馈。

最后，无时空限制还意味着通过网络可以准确地了解学生的学习过程，从而在大数据分析的基础上正确掌握学生的学习情况，跟踪其学习进程。

（三）以学生为本

首先，在课程的组织方面，慕课教学模式强调翻转课堂，即将课内课外师生教学在时间上重新进行安排。在翻转课堂模式中，提倡让学生线上、线下以自学或协作方式对教师预留内容进行学习，并针对学习疑虑提问；课堂时间则以现在由教师引导学生互动讨论或进行问题答疑代替过去由教师讲授知识，从而将课堂中教师的主导权转移给学生，真正实现“学本位”的学习。

其次，慕课教学模式强调重组课程的内容。各学科专业领域的权威教师可以将先行编制的多样化教学资料上传至慕课平台，这些资源在设计之初未必相互关联，可以作为单独的学习单元，也可依照一定的目的、逻辑和意义进行排列组合，以此形成学习目标各异的学习单元集，从而实现课程资源的合理共享。

再次，慕课教学模式强调众包交互的课程学习方式。大量的学生在慕课平台下构成了共同解决线上未知问题的“群众”，他们在现实或虚拟社区中协同互助，展开学习讨论活动，共同解决问题。学生以多种方式在慕课平台中进行互动，其收获也许远比在教室中的要多。而且，通过这种众包交互的课程学习方式，学习被转化为一个高度个性化的主动建构过程，并会推动终身学习的普及。

最后，慕课教学模式也创新了课程评价方式。研究证明，学生相互批改作业在统计意义上与教师批改作业的分数几近吻合，因而，在适当的管理下，在面对巨量的线上学生作业评阅需要时，学员互评将是一种非常有效的课程测评策略。同时随着网络技术的不断完善以及数据的不断整合完善，慕课平台的程序编订也逐步满足了多种复杂程度不一的作业评阅需求。

（四）高效率

“大数据”作为炙手可热的流行词汇在教育界也颇受关注。比如目前以关注学习过程为核心的学习分析研究已经成为一个研究热点。教育大数据成为趋势，学习数字化，合理应用教育数据，综合分析学习过程中的各项数据，并以此为据提供针对性强的学习建议和学习策略，在这一方面，慕课走在了前列。通过慕课教学模式，学生将会在慕课平台产生大量的学习数据，这些海量的资源为人们提供了海量的样本进行数据分析与挖掘，进一步探明了学生的学习行为和规律，利用这些规律完善优化传统教育管理模式。

二、慕课教学模式的创新举措

（一）提高慕课教学质量

1. 情境设置生动逼真

慕课教学可以利用网络技术实现多媒体教学，在平台各种教学教务系统的辅助下实现各种教学信息的快捷传输和展示。立体化、动态化的表现形式更加形象逼真，可以使学生身临其境地去探索更多未知。同时，慕课教学实现了静态到动态的转变，在教学过程中可以运用软件将静态图像转换成动态来呈现，比如加入飘移、翻折、旋转、闪烁、缩放等手段，慕课这种生动逼真地创设情境的方法有助于培养学生的抽象思维，益于激发学生的学习兴趣和探究知识的欲望。

2. 教学方法寓教于乐

不同的授课内容应该采取不同的教学方法和教学形式，有的课程在内容上需要加入更多的交互环节，在教学方法上也应该多元多样。很多成功的慕课课程在教学方法上引入了类似网络游戏的通关模式，即一节课程被分为8～15分钟的微课堂，观看下一节微课的前提是必须顺利完成上节微课中提出的问题，成功答对方可进入下一节微课继续学习，这种具有挑战意味的设置激发了学生的学习动力，通关问题的设置也增加了课程的趣味性，而学生在答对题目并顺利通关后也会获得成就感。慕课课程中内置游戏化环节是提升课堂效率的一种好的方法。

3. 知识建构实现碎片化和系统性二者的结合

在现今的网络时代，人们获取知识的形式是零散的、分割的、不相关的。在慕课课程的讲授中是分章分节进行的碎片化知识点讲解，但是大多数的学科建构都是一个整体，具有严密逻辑体系。知识建构需要学生在吸收理解新知识的同时，结合原有认知结构，建立知识间的相互联系，需要批判性地接收新知，并加入自己的思考、分析，形成系统的知识大框架。所以，学生在面对海量碎片化的知识时，可以采用“零存整取”式学习，即学生将汲取的零碎知识有意识地、灵活地整合起来，创造性地重新建构系统知识体系。在慕课网络课堂教学中，授课教师需要有意识地为学生梳理知识架构，深入浅出地揭示知识的形成过程，这样可以帮助学生形成对知识体系的梳理，形成完整的知识系统。另外，慕课在线网络教育平台作为教辅工具，应该发挥其技术优势，将平台中知识体系的建构及其与各类资源的关联，化抽象为具体，将微观知识结构宏观梳理呈现，帮助更多的学生建构知识框架，也在一定程度上解决了学生碎片化学习和系统内容整合的问题。

4. 提高教师团队的网络素养

慕课网络教学质量的保证离不开优秀的教师团队，对于慕课线上授课教师的选拔需要重视起来，实施严格的教师选聘和服务制度。首先，授课教师需具有一定的教学组织能力和较强的责任心，需对网络传播特点有一定的了解，熟练运用新媒体，掌握利用教学设计原理制作网络多媒体课件的技能，具备在线教学、网络作业批改、实现在线交互以及利用电子通信工具进行教学等方面的技能。最重要的是教师的教学理念和教学技巧，他们必须具备引导、培养学生学习自主性、好奇心、想象力的能力，能够激发学生的积极性，提高学生分析问题、判断问题和解决问题的能力。

课前，授课教师制作多媒体课件，并熟练地设置更多交互式学习的内容，使学生更乐于参与其中，发散思维，积极谈论。值得一提的是，提高教学课件的质量还需要将专业软件公司与教师相结合，这样才能制作出高质量的既体现教学思想又适合在线教育的教学软件。在授课过程中，教师讲授专业知识，介绍该知识点的发展脉络及形成过程，有效地组织学生学习，解答学生疑问并针对相关话题开展小组讨论，同时教师也需要具备解决临时突发的网络技术问题的能力。在课后，教师需要针对课堂布置的作业开展课后在线研讨、疑难答疑、作业评价等辅助性工作。

（二）完善评价监督系统

慕课平台的过程性评价即考核学生整个学习过程中的各个环节，包括课堂讨论、作业、课后测验等环节。总结性评价即在过程性评价基础上加之最后的结业考试成绩，给出最后的成绩判定。在评估模式上主要有机器评估和人工评估。机器评估即借助自动评分系统来测试学生成绩，试题也多为客观题，像单项、多项选择题，项目匹配题，填空题等。机器自动测评具有较高的效率，保证了大规模慕课学生学习机制的顺利进行，学生也可以在最短时间内获得测评结果，了解自己的学习成果，也方便学生及时查漏补缺。但是机器没有主观意识，对试题的判定只能根据程序设定的唯一标准答案来进行判定，对一些主观题目无法进行正确判定，所以还需要人工评估系统。人工评估系统主要包括学生自评和同伴互评两种，即学生的课后作业及期末考试试卷由自己或同班同学来评定，授课教师会提供一系列的评分量化标准给评估者。学生自评和同伴互评机制可以激发学生的兴趣，大家都很迫切地想知道对于一道题目自己和别人理解的不同之处，同时同伴互评机制还大大地减轻了授课教师和教务管理人员的工作量。

建立有效的评价体系是慕课正规化运营不可缺少的，即学生课后不仅顺利完成学习任务、获得学分，还通过了结业考试获得证书。且证书的公信力是得到认可的。基于此，必须采取智能化评价手段，在学生上课、做作业、做小测验的过程中，需应用技术手段（指纹识别、视网膜识别、笔记追踪系统等技术）去识别学生是否为本人，保持评估模式的公正性。

(三) 增强网络学习的双向互动

慕课在线网络课堂的学习无法达到真正的双向互动，虽然有在线问答社区可以实现交流，但是与面对面双向互动的效果无法比拟，深入高效的学习是慕课平台问答社区无法达到的。慕课平台应该借助互联网技术手段来完善自身的双向互动。双向互动机制主要体现在两个方面：一个是线上互动；另一个是线下交流会。线上互动主要包括网络选课、作业提交、批改作业以及课程资料下载。学生在视频学习之前可以下载学习指南，获得课程学习资料，在学习过程中或是在一门课程学习之后的考核中遇到了问题，都可以通过电子邮件、微博、学习论坛以及电子公告板等社交工具向教师寻求帮助，从而解决问题。慕课的项目开发者正在尝试使用各种方法完善留言板的功能，尽力为学生提供更为便捷、自由的社区交流空间。

现代的学生可以十分熟练地使用各种社交软件，通过社交平台交流情感，沟通思想，甚至传递知识、沟通讨论观点。有人指出，在线探讨系统是很有益处的，学生在回答教师的问题之前，可以获得整理思路、深思熟虑的机会，而且系统还会提供给每一位学生积极回应其他学生观点的平台，继而创造出学生之间相互交流与学习的宝贵机会。同时，在线讨论系统还会强化授课教师在课程中的执行与监控作用，使学生的意见得到充分的展现。尤其一些在公众面前比较害羞腼腆的学生，在网络屏幕下一改不善言谈的性格，可以轻松无压力地表达自己的观点。

线上互动机制的制定需要考虑具体的受众目标，因为年龄、阶层、受教育程度的不同，学生对慕课在线网络学习的接收能力不同和习惯的互动方式不同。所以应该对用户进行各种数据分析并归纳整合，针对不同的受众采用不同的互动机制。

线下交流会可以克服线上交流的一些不足。若学生在学习中存在许多线上仍然无法解决的问题，教学教务团队就可以组织线下交流会集中解决学生的疑惑，线下交流会是将网络虚拟社区发展为真实社区的模式，面对面的交流必将更加有益于知识的掌握，学生在与教师近距离的交流中也可以彻底解决疑难问题。这种线下交流会的形式不仅灵活，学生也更加熟悉，在友好的交流氛围中共同分享学习成果，这样的人际传播、双向互动效果更加明显。

（四）完善信息化教学教务管理手段

丰富课程学习包，建立专业化教辅团队可以提高平台的管理效率。大多数的网络在线课程都会有一个学习包，包含课程材料、授课安排、课后测评内容、辅导答疑及学习包使用方法等。但是随着全球各个国家学生的加入，越来越多的学习需求呈现出来，现今的学生追求移动化、个性化的学习，对于课程资源的要求也越来越多样，慕课平台的教务系统需要丰富学习包，且对于现在已经提供的学习资源都实现了移动化，支持学生在移动端的获取，方便学生使用。

建立专业化教辅团队，提供高效的信息化教学管理手段，使讲、授、评更加顺利。随着慕课的飞速发展，慕课平台上的教学内容组织过程与教学实施过程发生了分离，在教学实施过程的辅助教学管理，如线下实践内容的组织、课程的引导与答疑等则正在出现专业化的趋势。专业化的辅助教学团队可以帮助教师来完成课后的一系列学习检测和督促的工作，且现如今的教学管理方式由原来的人工管理方式向智能化远程监管方式转变。基于大数据信息技术的数据记录和分析，加之学习内容管理和学习行为分析功能的学习管理系统，都可以对慕课在线教育平台的课程教学、学生学习行为、个性化的表现等记录、监管，实现智能化的教学教务管理。

第二节　微课教学模式

一、微课的特点

微课主要是针对传统教学资源的局限性提出的一种新的学习方式，

其主要特点用八个字概括：精美、简洁、具体、生动。具体而言包括以下五个方面。

（一）主题明确

微课的作用主要是解决传统课堂教学中所出现的问题，比如，知识点复杂多样，重、难点层次不清，教学目标多样，等等。在微课的制作过程中，都是围绕教学内容中最重要的知识点或教学中关键的环节进行设计的，与传统的课堂教学相比，教学内容更加精简，教学目标更加明确，教学主题更加突出，这是微课教学最重要的特点。明确主题选取的教学内容非常具有代表性，只有教学主题突出了，整个教学才能真正地吸引学生的注意力，让学生更加容易地理解与学习。

（二）多元真实

多元主要是指微课资源的多样化，它不仅有微课视频，而且还有微教案、微课件、微点评、微练习等其他形式的资源，相对于传统的课堂教学视频而言，微课资源的多样化使得整个教学更加丰富多彩。在利用丰富的微课资源时，师生将同时从中受益，一方面学生可以利用微视频进行学习，以微练习进行相应的复习巩固，以微反馈的形式进行综合评价，使得学生的思维能力进一步提高，并且能够提升学生学习的兴趣。另一方面教师利用微课资源的多样化去实现教学观念、技能等方面的提升与深化，进而提高课堂教学效率，促进教师专业成长。

真实主要是指现场情境的真实性。微课的设计都会具体到一个真实的场景之中，进而形成一个与具体的教学内容有机结合的微课堂。这种真实性的场景与现实生活紧密结合，比如，生物教学中的微课场景一般要选在实验室或实习、实训基地，体育教学中的微课场景一般要选在体育馆或运动场，并且在选择着装、教具时应与教学活动主题相一致，这样才能呈现出微课堂的情境性。

（三）共享交流

共享是网络资源的核心理念。就微课目前的发展来讲，其不仅具有网络资源丰富、交往、便捷、互动等优势，而且打破了利用资源在时空上的限制，实现了教学资源的共享。除此之外，微课还为学生提供了一个网络学习与信息交流的平台，教师在微课教学后会把微视频上传到信息技术资源管理中心的网站上，供同行借鉴学习，还可以充分利用同行的经验不断地挖掘自身发展的潜力，加强交流与沟通、分析评价、强化教学反思。实际上，这就是现在所提倡的教师学习共同体的一个方面，它由教师群体构成，以网络式的虚拟场景为基础，以便教师进行交流与学习，从而实现教师个体的专业发展。

（四）实践生动

前几个方面的特点使得微课受到社会各界人士的好评，对于一线教师来说更是如此。由于微课开发的主体是广大一线教师，加之微课开发的本身就是以学校的教学资源、教师的教学与学生的学习为基础的，因此，越来越多的学校通过微课这种新的学习方式进行探索研究，挖掘本校的微课建设，本身就具有很强的实践性。在实践的过程中，需要注意微课的表达方式，生动活泼不仅体现在精美的画面、动听的音乐以及明确的主题上，还体现在精心设计的流程及其相应的互动方式上。

二、微课的类型

（一）按照课堂教学方法来分类

教学方法是指在课堂教学中，教师和学生为了实现共同的教学目标，完成共同的教学任务所采用的手段与方式的总称。为了使一线教师更加容易理解微课的分类方法，初步将“微课”划分为 11 类，即讲授类、问答类、启发类、讨论类、演示类、练习类、实验类、表演类、自主学习类、合作学习类、探究学习类。

（二）按课堂教学主要环节（进程）来分类

按此分类法，微课的类型可以划分为课前复习类、新课导入类、知识理解类、练习巩固类、小结拓展类。其他与教育教学活动相关的微课类型，还包括说课类、班会课类、实践课类、活动课类等。

（三）从制作方式和文件格式角度分类

1. 拍摄型微课

拍摄型微课是指微课制作者在一定的教学环境之中，利用摄像设备，对教师所讲的知识点或者是学生学习的过程进行记录并制作而成的微视频课程。它的最大特点是教师出镜授课。虽然微视频中的师生之间没有真正地进行直接的交流，但教师的神态、表情、动作等仍然会对学生的学习产生影响。因此，教师的出镜将有助于形成师生互动的良好氛围。拍摄型微课一般会让教师与教学课件同时出现在屏幕上，从中进行教师图像与教学课件图像的置换，既有静态的也有动态的，拍摄型微课较多地应用于语言类和操作类课程之中。

2. 录屏型微课

录屏型微课是指微课制作者在计算机中安装录屏软件，录制教师通过教学课件，如基于 PPT、Word、绘图软件、手写板输入软件等形式制作的课件，直接用教学课件呈现教学过程，并同步录制教师的授课声音以及屏幕操作行为生成的微视频。在录屏型微课中将不会出现教师、实物教具以及现实的环境，仅仅显示的是电脑屏幕上的文字、图片、流媒体等内容。此种类型的微课适合于需呈现较长篇幅文本的课程以及具有严密逻辑关系的课程。

3. 动画型微课

动画型微课主要是利用相应技术，如 Flash 动画技术和绘画艺术制作而成的微视频，其最突出的特点就是浓厚的趣味性与可操作性。动画型微课主要有两种常见格式：一是视频格式，只能观看，不能操作；二是动画格式，既能观看，又能操作。其最主要的功能就是有效地帮助学生在学习的过程中理解一些需要进行空间想象的抽象的图形及其运动变化的过程。

三、微课的应用

（一）微课应用的基础

1. 建构主义学习理论

现代信息技术的发展不仅带来了教学技术手段的创新，还引导着人们在新的多元复杂的环境中对传统学习方式进行重新审视。建构主义观点认为，学生要通过对自己经验的解释，产生对知识的意义建构；通过参与广泛的社会协商，将学习体验充分沉浸于丰富的文化情境中，才能获得对知识完整意义的把握。

建构主义学习理论注重学生对于环境的理解和信息所蕴含的特殊意义方面的作用，重点强调学生经验世界的丰富性和差异性。在教学过程中，教师为学生的主动建构提供必要的资源、工具和学习活动，学生在现有知识框架下重新建构新的知识和理解。教师在教学中用精心的设计引导和启发学生的思考，为其自主探索、发现和知识的建构与深度内化提供支持。学生作为认知过程的主体，也是知识的主动建构者，学习的过程就是积极、主动地探索、求知和发现的过程。基于微课的学习过程就是学生在教师设计好的一系列资源、工具和学习活动中，自主选择、规划学习步调，达成个人对知识的意义的建构。

建构主义思想隐含的基本原则在于使学生投入主动地、合作的、真实的学习中去。

2. 自主学习理论

自主学习是指学生在教师的指导下，利用网络设施和媒体资源，通过多种途径，自主获取信息，构成自己的知识体系。自主学习指学生自己确定学习目标，自己选择学习内容和学习策略，自己控制学习进度等。它充分强调了学习过程中学生的主体地位，教师只是起到监督和引导的作用，从而培养学生的主观能动性，激发其学习的积极性和学习兴趣。

自主学习是网络学习的重要方式。微课不仅强调学习的自主性，还包括选择学习内容、掌握学习进度等。同时还要求教师在课程设计时要充分考虑不同学生的实际情况，从调动学生自主学习的积极性出发，最终使微课符合学生自主学习的特征。

3. 掌握学习理论

“掌握学习”就是在“所有学生都能学好”的思想指导下，以集体教学（班级授课制）为基础，辅之以经常、及时的反馈，为学生提供所需的个别化帮助以及所需的额外学习时间，从而使大多数学生达到课程目标所规定的掌握标准。其具体的操作步骤可以概括为：①确定教学目标、内容和要求；②制订教学计划，包括对学生提供足够的掌握时间、学习机会、反馈和指导；③检测学生是否掌握了学习内容；④依据学生的掌握情况和学习进度，为学生提供学习机会，直至完全掌握；⑤学习复述与反馈。掌握学习的核心在于为每位学生提供足够的时间和机会，帮助其达成他们所能达到的最佳发展水平。

微课的应用思路得到掌握学习理论的支撑。从学生参与微课的学习过程中看，参与一系列小的学习单元，每个微小单元包含1～2个小的教学目标，且每个学习单元依次构成有序的目标体系。从学生的学习方式看，学生可以自己设定学习步调，即可以依据个人知识掌握的情况，重复或跳跃地观看微课，可以对已经掌握的知识点分配较少的学习时间，而对还未掌握的重要的知识点则需要花费更多的时间进行复习巩固，直到达到了所学单元需要掌握的水平，则可以继续学习下一个单元。其中，微课的目标设定也为学生更好地适应学习进度提供了支持，教学目标的小步调设定有利于循序渐进地学习。

更重要的是，基于掌握学习理论的教学实践，不仅指向于学生认知水平的提高，而其效果还将体现在学生对所学知识领域的兴趣和自信心的增强，有利于学生进行更深层的知识探究和创造。

(二) 微课应用的目的

1. 教师教学借鉴

微课汇集了众多教师的优秀课例片段，体现了教师对课程、教材、知识点细致入微的理解和分析以及对课堂教学的精心设计。微课资源的短小易用使教师不必花费大量的时间和精力对资源进行重整，而可以便捷地选择对于自身教学有启发的某个片段并加以借鉴。在对优秀微课资源的分析和借鉴中，不仅提高了教师的课堂观察和分析能力，也潜移默化地提升了教师的个人教学水平。由于微课以视频的形式呈现，配以教师的讲解和教学重点的提炼和聚焦，因而对教学借鉴能发挥更大的价值。微课的教学是在真实的教学环境中进行的，这样的课堂教学和多媒体环境有助于激发教师在自己的教学中不断反思，并实现教师专业发展。

2. 学生补偿性学习

以微视频的形式辅助学习，学生可以有针对性地选择未掌握的知识点，在视频的图文声像的支持下，对知识进行反复学习加深理解，并依据微课的配套学习支持资源加以练习，有助于突破学习难点和瓶颈。借助微课的视频辅助，学生即使不能参与课堂学习，也可以通过下载教师的微课自学补缺。资源的短小便捷，方便学生进行移动学习。

3. 学生巩固拓展学习

根据艾宾浩斯的遗忘规律，学生在课堂上的系统学习还需有课后的复习加深才能巩固知识。温故而知新，学生在复习时如果有教师授课的微视频，不仅会加深自己对教材的理解，激活记忆的细胞，还能将新旧知识联系起来实现对知识理解的新突破。因此，有条件的学校可将教师授课的微视频上传到网络上，供学生复习时参考。针对学生每年较长的假期时间，对新课程的预习和对原有知识的复习必不可少，教师可以利用微课为学生提供相应的学习资源。学校或者相关教育机构可以根据学生的需要录制一些“微课”，以帮助学生预习或复习，同时这也能够提高学生的自主学习能力。用于预习的视频区别于教师讲课的视频，它可以将原有的知识与新知识融会贯通，融合适当的思考与拓展，激发学生学习新知识的积极性。

在学习内容上，微课可以呈现全面充实和丰富的知识，不仅适应社会发展的趋势，而且极大地满足了学生的学习需求；学习形式和方法上，微课教学的开放性使得学生在面对新知识中的新问题时，能借助已经掌握的学科知识和能力，激发新思考，不断地认识——实践——再认识——再实践，将新知识转化为新能力，不断提升自己的学业水平。

4. 课外学习辅导

微课不仅可以为学生的学习提供支持，也可以成为学生学习辅导的资源。

特别是对于低年级的学生而言，一些学生还需要在课后得到他人的帮助才能较好地完成课程的复习或预习。因此，家长可以通过提前了解相关的学习内容，以便更有效地指导孩子的课外学习。

5. 丰富课堂教学

微课作为一种学校教育、教学的补充方式，为丰富学校教育、教学提供了新的教学思路，给教师的个性化教学提供了条件，同时也是丰富课堂教学方式的载体。微课的开发应着眼于现实课堂，关注微课与现实课程的有效结合。首先要根据学科的内容知识点开发专题式的微课。如此，教师可根据自己在教学过程中的需要，把每个知识点的专题微课合理地穿插到不同的教学环节中，如课程引入、核心概念的讲解、探究学习以及课后练习等过程。一方面，微课为课堂教学提供了教学系统支持服务，与目前课程内容要求精细化不谋而合；另一方面，为教师开展个性化教学活动提供了新的条件。教师可根据学生的知识水平差异，选择难易程度不同的微课，因材施教。学生在移动学习终端下观看微课，可以在较短的时间内集中精神解决学习重点和难点，提高教学的时效性和便捷性，进一步提升教学效率和质量。

（三）微课应用的原则

针对微课的精致设计、短小精悍、主题突出和便捷实用等特征，在应用中需发挥其优势，遵循微课应用的基本原则，包括适切性原则、灵活性原则和反馈性原则，只有在适当的教学环节进行有效应用，才能让微课发挥其真正的价值。

1. 适切性原则

微课应用的适切性原则表现为教学内容的适切性和应用对象的适切性。

第一，对于教学内容而言，微课的短小、精练、切题等特点，能恰到好处地适合教学内容的需要，突出主题，条理清晰，语言明确易懂。每一个单元微课教学目标的切分，都能有针对性地指向确切的知识点的解决，能够使学生从微课的学习中获益。

第二，对于微课教学应用对象而言，微课的适切性体现在对应用对象的已有认知水平、兴趣激发、学习需求和视觉欣赏等方面。微课所呈现的信息，与学生已有知识水平相契合，符合学生的认知特点，且留有一定的思考和拓展的空间，能激发学生学习的信心和继续学习的兴趣。微课图文声像的整合，较传统演示课件而言具有一定优势，而微课在视觉效果呈现方面需契合学生的年龄层次和兴趣。如此，符合适切性原则的微课应用才能让学生学有所思、学有所获。

2. 灵活性原则

从教学过程看，微课可以灵活应用在课前、课中或者课后等节点；从应用类型看，微课可以灵活应用于新知识预习、问题探讨、复习巩固等方面。课前使用微课主要是让学生进行前置性学习，回顾旧知识，预先了解授课新内容，便于师生在课堂进行深入探讨，帮助学生掌握知识点或技能。同时还可将课堂教学内容录成微课，辅助学生课后自学，而课堂时间进行答疑解惑或展开讨论。课中教师把微课当作纯粹的教学资源，在教学需要时，集中播放给学生观看，帮助学生更加形象和直观地理解重难点知识，引导学生充分调动学习的积极性和主观能动性。课后应用微课，为学生提供可以反复学习的课程视频，保证每一个学生都能掌握课堂知识，并实现学生学习向深处拓展，它不但能帮助学生自主补习、反复学习，直到学会为止，还能提升学生思维的深刻性、灵活性和创新性。

3. 反馈原则

微课的反馈原则既体现在学生学习效果的反馈，也体现在教师利用微课进行的教学观摩评价中。微课的设计和制作需要教师对教学目标、教学内容进行深层的解析，也需要对整体教学进程进行系统的把握，而教学效果是评价教师微课教学设计的最直接体现。此外，教师利用微课进行教学的交流、观摩、互评和教学应用反馈，也是对微课进行多元化的评价，为微课的设计与教学的优化提供指导和参考意见。因此，微课的反馈原则的最终目的就在于微课教学的及时评价和教学反思，促进优质微课的开发和共享。

(四) 微课应用的策略

1. 整合课堂教学与微课

课堂教学是一个生成性的过程，并非预成型的，而微课是一个预先制定的教学资源，每一个优秀的教师都是艺术家，微课不能完全取代教师的现场讲授，微视频是达成优化教学效果的一种资源和途径。因此，微课的课堂应用是与课堂教学的有机整合，即将教师的讲授与学生的思考、微课的演示与课堂的讨论、课堂的预设性与生成性有机整合。在实际教学过程中，新课导入、教学重点难点解析、实践操作、拓展思考、练习检测等环节，教师可以根据实际需要有针对性地设计微课进行辅助，将微课灵活应用于课程教学的各个层面；也可使用微课辅助教学设计，根据不同教学需求制作用于学生分析、诊断性评价等的微课；或者根据教学内容的需要，将微课作为一系列辅助学习资源的整合，为学生自主学习探究服务。

2. 完善学习支持服务

微课的学习服务支持系统是设计者站在学生的角度分析学习过程的每个环节所需的辅助性资源、工具和策略。具体而言，微课的学习支持服务包括学习的配套资源、学生交流、评价、反馈的渠道以及为其提供的有针对性的移动学习、在线学习策略等。

由于微课是“以‘微视频’为核心，包含与教学相配套的‘微教案’‘微练习’‘微课件’‘微反思’及‘微点评’等支持性和扩展性资源，从而形成一种半结构化、网页化、开放性、情境化的资源动态生成与交互教学应用环境”。因此，微课教学设计的系统性还体现在除微视频以外，其学习支持和拓展资源上，虽“微”但“全”，为学生提供了一种完整的微课学习支持。

微课以视频呈现为主要方式，微课学习服务支持系统的构建，还需要教师站在学生的视角，为学生的知识内化和迁移、学习群体交流、师生互动提供相应的辅助工具或途径，如在线辅导、在线同步编辑、异步交流等，从而实现正式学习与非正式学习的有机结合。

微课的学习服务支持系统还需针对在线学习、移动学习的特点，为学生提供相应的学习策略指导，让学生能抓住学习的要点，专注学习内容本身。

3. 构建系统化微课资源

微课的知识构成是微小而碎片化的，进行一个微课的设计之前，需要将其与之前同领域、同类型的微课进行关联：新的微课是对已有资源的扩充、并列，还是完全的更新，它处于所属知识领域的哪个知识节点等。由此，才能不断充实和完善已有的微课资源结构。又如，新的微课资源设计开发出来以后，还需从它与其他微课主题以及其教学功能的相关性来构建微课资源的结构关联：从学科内容来看，它归属于哪个学科领域，或是哪些交叉学科领域；从辅助教学环节的功能来看，它是属于预习新知，还是课堂导入、重点难点解析，或是课后复习反馈；从教学形式看，它是用以支持个别化学习，还是用来引发课堂讨论，或是用于课后拓展与思考等。

此外，教师可以通过微课资源的动态生成记录教学进展的详细情况，以便进行教学反思和查漏补缺。

微课的出现隐含了人们对接受简短、便捷、高效的生活方式和学习方式的倾向。因此，教师作为知识的传播者，在教育、教学中也要紧跟时代的步伐、不断更新自己的知识结构和丰富自己的教学技能，以便在实践中生成教育、教学的智慧，寻求信息技术与教学的深度融合。

第三节 翻转课堂教学模式

一、翻转课堂教学模式的实施步骤

（一）课前准备阶段

第一，教师活动。分析教学目标，只有教学前确定清晰的教学目标，教师的教学才有针对性，才能明确教师要采用的具体教学方法。有些内容需要探究式的教学方式，有些内容需要直接讲授等。实施翻转课堂教学模式之前的教学目标分析，有利于教师分析什么内容适合通过视频的方式直接讲授给学生，哪些内容适合课堂上通过师生的合作探究获得最佳的教学效果。明确教学目标，避免教学中的盲目性和无目的性。

第二，制作教学视频。在翻转课堂中，知识的传递是通过视频来完成的。教学视频可以由教师自己录制也可使用其他教师制作的教学视频或者网络上优秀的视频资源。制作教学视频是翻转课堂教学模式的重要部分。制作教学视频有以下步骤：做好课程安排，明确课堂教学的目标，翻转课堂并不仅仅是为课堂制作教学视频。另外，做好视频录制。在录制教学视频过程中应考虑学生的想法，以适应不同学生的学习方法和习惯。

第三，做好视频发布。发布视频是为了让学生能够观看到教师制作出来的视频。在此阶段教师最应考虑的问题在于如何将视频置于全班学生都能观看到的位置。不同的学校会根据本地区、本学校和本校学生的具体情况来确定视频发布的地方。

第四，学生活动。在观看教学视频的过程中，学生遇到不懂的地方可以做笔记，把自己不懂的问题带到课堂，这样学生可以完全掌控自己学习的步调。在此过程中，学生需要对所观看的教学视频里讲授的知识做一定程度上的梳理和总结，明确自己的收获和疑惑的地方。其次，做适量练习。学生观看完教学视频后需要完成教师布置的针对性课堂练习。

这些练习是教师针对教学视频中所讲的知识，为了加强学生对学习内容的巩固并发现学生的疑难之处所设置的。根据“最近发展区理论”，教师需要对课前练习的数量和难易程度做合理设计，明确让学生做练习的目的是帮助学生利用旧知识完成向新知识的过渡，加深对教学视频中知识的巩固。学校可以通过网络交流平台与学生进行互动，了解学生在观看教学视频和做练习过程中遇到的问题。

（二）课中教学活动设计阶段

第一，确定问题，交流解疑。人是社会中的人，在交流中才能实现成长。

在课中活动开始阶段的交流中，教师需要针对学生所观看视频的情况和通过网络交流平台所反映出的问题进行解疑。学生也可以提出自己在观看教学视频中所存在的疑惑点，与教师和同学共同探讨，这样学生本身就是一种交往的学习资源。

第二，独立探索，完成作业。独立学习的能力是学生必备的能力之一。独立性是个体存在的主要方式。学生是独立的个体，他们本身有着独立学习的能力。学生知识结构的内化需要经过学生独立的思考，翻转课堂为学生提供了个性化的学习环境，学生在课堂中独立完成教师所布置的作业，独立进行科学实验。在学生独立完成作业的过程中，学生能够学会审视自己理解知识的角度，建构知识的结构，完成知识的进一步学习。教师要在刚开始时给予学生一定的指导，帮助学生完成任务。待学生有一定的独立解决问题的能力时，教师要“放手”，逐渐让学生在独立学习中构建自己的知识体系。

第三，合作交流，深度内化。学生在独立探索学习阶段已建立了自己的知识体系，但是知识的深度内化需要在交流合作中完成。人是社会中的人，交往是人与人之间直接相互作用的过程。交往学习是学生在与他人的对话、交流、讨论等学习活动中所开展的学习过程，学生在此过程中能够实现自身的发展。在翻转课堂，可以看到的课堂形态为：学生分成小组，一般为3～4人，学生与学生之间通过独立探索阶段的所学，与同伴交流自己对知识的理解。教师走下讲台，加入学生的探讨中，真正地融入学生的小组合作活动中。当学生在讨论中遇到问题时，教师可以给予及时的帮助，引导学生澄清对知识的错误认知。在此过程中，学生的批判性思维、课堂参与能力和对待学习的态度会发生很大的改变，学生成为学习的主体。教师也从说教、传授的角色转变为学生学习的引导者和促进者。在合作学习越来越受到教育界关注的情况下，如今学校很多课堂教学采用合作学习、小组学习等方式。但是在传统课堂中，合作学习只是课堂教学的“微弱”的补充，难以真正发挥学生探索的积极性，合作学习只是流于形式。在翻转课堂教学模式下，在课堂中学生与学生之间、学生与教师之间的合作学习才是真正意义上的合作学习。

第四，成果展示，分享交流。学生在经过独立探索和合作交流后，取得个人或者小组的成果。学生可以通过报告会、展示会、辩论赛或者小型的比赛等形式交流学习心得、体会。在成果展示过程中，学生或小组可以通过教师与学生的点评获得更深的了解，同时可以通过观看其他学生或小组的展示，学习他人的优点，明确自己的优势与不足。学生在此过程中也能够感受到夸赞带来的乐趣，更以一种积极的乐观心态面对以后的学习，增强自信心。这也是一个交流的平台，学生在彼此交流中碰撞出智慧的花火。教师在分享交流环节可以通过学生或者小组的汇报，明确学生的知识掌握水平，有针对性地进行后期的“补救”工作。当然在学生展示的环节，教师所做的是为学生创设一个民主、平等的和谐、自由的课堂环境，适时调控学生学习的进程并把握发展的方向。

在成果展示环节，实施翻转课堂教学模式的教师不仅鼓励学生在课堂上进行展示，学生也可以在课下通过制作微视频的方式把自己的汇报上传至网络交流区，供教师和学生讨论和交流。对于翻转课堂教学的成败并不在于视频的制作，而在于课堂学习活动的设计。如何改变传统的教师主宰课堂的局面，让学生真正成为学习的主人是翻转课堂教学模式给教师的课堂教学带来的关键点。

二、翻转课堂教学模式的教学策略

（一）学生学的策略

学习策略是学生在学习活动中进行有效学习的规则、方法、技巧与调控。它既包括内隐的规则系统，也包括外显的程序与步骤。在翻转课堂教学模式中，学生在课前需要完成对知识的掌握，课中则以独立探究、自主学习为基础，与同伴的合作学习为纽带，实现所有学生的独立性、创造性和合作性综合素质的全面发展。

第一，学生课前观看教学视频的策略。翻转课堂教学模式是通过教学视频直接传授给学生知识，学生在课前需要完成知识的初步学习，一般是原理性或事实性知识的学习。

学生观看教学视频所采取的策略是一种对本身学习调控的过程。教学视频一般为7～10分钟，人们习惯称之为“微视频”。要在这短短的10分钟的视频中完成对理论知识的学习，需要学生有一定的自制力和控制力。首先学生要选择一个较为安静的环境，这样才能免受外界的打扰，全身心观看教学视频。学生应该立足自己的实际水平，在开始阶段就夯实自己的基础。做笔记，记下自己不懂的地方或者自己感兴趣、想要进一步了解的问题，这是学生看教学视频中要做的重要的事情。

第二，学生独立探究策略。探究定义为多层次的活动，包括观察、提出问题；通过浏览书籍和其他信息资源，制订调查研究计划；根据实验论证对已有的结论作出评价；用工具收集、分析、整理数据；进行解答和预测；探究要求确定假设，进行思考，并且考虑其他可以替代的解释。独立探究策略既是一种学习策略，也是一种教学策略。独立探究策略具有主体性、独立性、实践性和开放性等特点，而主体性为其最重要的特征。

当今世界的发展需要学校培养具有独立研究能力的学生。只有具有探究能力的人才能具有创新能力，才能体现出人作为独立个体存在的价值。在翻转课堂教学模式下，学生主动参与学习过程，积极参与自己的学习活动。翻转课堂教学模式更关注学生获得知识的过程。在这个过程中，教师的讲授逐渐让位于学生自主学习的过程，学生应该培养学习的主动性。学生在独立探究的过程中会遇到很多的问题，教师的角色从讲授者变为引导者。学生学到知识，体验到学习带给自己的成就感，更激起学生进行探究学习的乐趣。

第三，学生合作学习策略。合作学习又称协作学习，是以现代社会心理学、教育社会学、认知心理学等为基础，以研究与利用课堂教学中的人际关系为基点，以目标设计为先导，以师生、生生、师师合作作为基本动力，以小组活动为基本教学方式，以团体成绩为评价标准，以标准参照评价为基本手段，以提高学生的学习成绩、改善班级内课堂气氛、形成良好的心理品质和社会技能为根本目标，建构极富创意与实效的教学理论与策略体系。合作学习包括师生合作、学生与学生的合作、教师间的合作和全体合作四种形式。

在翻转课堂教学模式下的合作学习是真正意义上的合作学习，在一种团结、合作的氛围中，不仅学生的学术能力得到了提升，其人际交往能力也得到了增强。

此时教师的角色地位得以凸显，教师逐步引导学生逐渐完善自己建构的知识体系。

（二）教师教的策略

第一，教师制作教学视频的策略。在翻转课堂教学模式中，教师需要制作高质量的教学视频。录制教学视频所需要的是：截屏程序、一台电脑、电子笔输入设备、麦克风、网络摄像头。教师在制作教学视频中，可以使用截屏程序。在教师完成教学视频后，可以根据实际情况把不需要的部分用截屏程序去掉。当教师需要呈现所展示的 PPT 时，截屏技术可以很容易实现。在录制过程中，教师可以使用屏幕录制软件进行录制，快速捕捉视频中的重要部分，也可使用网络摄像头，采用方便而简便的录制方法。当需要在白板上作图以供学生理解时，教师可以使用数字笔作注释。这样学生可以清晰地知道教师讲授的重点，尤其对于需要图来解释的原理时，学生更容易理解。

教师在制作教学视频中有以下两点需要注意：首先要保证教学视频短小，这是根据学生注意力的特征而设定的时间。其次，使自己的声音有活力、生动，节奏流畅。当教师语言流利地讲授内容时，学生的注意力更容易被吸引。

第二，教师教学生观看教学视频的策略。教学生如何观看教学视频是实施翻转课堂教学模式非常重要的一步。一种教学模式要想获得理想的效果，做好第一步很关键。教学生观看教学视频就像教学生怎么样阅读和使用教材一样重要。首先，在实施翻转课堂教学模式之初，需要教师对学生进行观看教学视频的训练。在学生遇到不懂的地方时如何“停键”、“倒键”，学生要自己控制好教学视频的进度。更重要的是，学生真正实现“掌控”自己的学习。其次，教学生做笔记的技巧。学生不仅可以记下重点，还可以针对自己从教学视频中学到的知识找出问题和做出知识点的归纳总结。最后，要求学生针对自己所观看的教学视频提出自己感兴趣的问题。这不仅可以了解学生是否观看过教学视频，更培养了学生的问题意识。当学生在谈论交流环节提出自己感兴趣的或者想要更深入了解问题时，生生之间、师生之间可进行共同探讨。

第三，教师课堂教学的策略。翻转课堂教学模式最重要的是教师在课堂中教学活动的组织。翻转课堂与传统课堂最大的不同在于通过不同的教学活动让学生完成知识的建构，翻转课堂教学模式的实施靠教师组织不同的教学活动。

由于在翻转课堂中知识的传授被放在课外，课堂教师有更多的时间来设计活动。教师可以针对自己本身所教授的科目、教学风格采用不同的课堂教学策略。譬如，对于英语的学习，教师可以根据本科目的特点设置更多的对话、阅读国外文学、写故事等活动，激发学生在课堂中进行英语实践操作的学习。

翻转课堂是以学生为主体的课堂，教师只是引导者，如何让学生顺着自己“导”的方向是一门必修的学问。因此，教师必须加强知识储备并具备一定的课堂管理能力，使课堂时间得到高效的利用，让学生在课堂中得到真正的发展。

（三）师生相辅的策略

随着时代的发展，它对学生的自主性意识、合作意识和探究意识提出了更高的要求。学校需要在学生的自主性、合作性、探究性方面予以重视和培养。

翻转课堂教学模式以学生的自主学习为基础，以合作交流为纽带，以探究性学习为学生发展的动力。翻转课堂教学模式关注学生主体性意识的培养，学生的自主性学习成为学习的关键，让学生成为学习的主人。同时翻转课堂教学模式的实施要靠教师、学生之间的合作交流和群体活动来实现。

翻转课堂教学模式强调学生的自主性学习，让学生“掌控”自己的学习。无论是课前教学视频的观看还是课堂作业等都需要学生独立完成。课堂独立完成作业的环节需要学生独立思考，遇到不懂的问题可以请教教师。因此，翻转课堂教学模式为学生提供了一种比较理想的个性化学习环境。

虽然可以使用其他教师录制的优秀教学资源，但是教师对自己学生的具体学习情况有清楚的了解，可以针对学生的情况决定录制的内容，再者学生更愿意观看本班级教师录制的教学资源。在课堂教学环节，教师对学生的引导和在学生遇到问题时给予的帮助和指导对于翻转课堂教学模式的实施都尤为重要。翻转课堂教学模式的关键就在于教师教学活动的设计。在教学评价环节，教师需要了解学生的知识掌握情况，并给予及时的反馈，使学生明确自己的学习情况。

学生的合作学习和探究学习离不开教师的引导。学生在小组合作学习活动中，教师要为学生营造一种团体的氛围，使其彼此相互依赖。同时在学生的相互交流中，需要教师创造环境让学生彼此交流思想与观点。因此，这些合作活动的开展都是建立在学生与教师共同发挥主导作用的基础之上。

第六章　智慧教育视角下的智慧课堂教学模式

第一节　智慧教育的内涵

一、智慧教育的基本内容

信息化环境下的智慧教育是在信息技术支持下为发展学生智慧能力的教育，旨在利用适当的信息技术构建智慧学习环境、运用智慧教学法、促进学生开展智慧学习，从而培养具有良好的价值取向、较高的思维品质和较强的思维能力的智慧型人才。因此，智慧教育既是信息时代教育发展的新境界，也是教育现代化追求的重要目标。智慧教育不仅仅是指教育环境的智慧化，还包括教与学的智慧化、教育管理的智慧化、教育科研的智慧化、教育服务的智慧化、教育评价的智慧化等多个方面，是信息化推动下的全方位教育变革。教育现代化的核心是人的现代化，智慧教育旨在培养大批具备21世纪的新技能、拥有创新意识和创新能力的现代智慧型人才。

根据智慧教育的定义以及国内外专家、学者对智慧教育体系结构的分析，可以得出智慧教育是新一代信息技术所打造的智能化教育信息生态系统，这个系统主要由三个部分组成，分别为智慧学习环境、智慧教学法和现代教育制度。

（一）智慧学习环境

智慧学习环境是从智慧地球、智慧城市、智能楼宇的概念中迁移过来的，是智慧教育实施的基础和保障。智慧学习环境是信息技术发展的必然结果，对教与学有着革命性影响。

智慧学习环境是以适当的信息技术、学习工具、学习资源和学习活动为支撑，科学分析和挖掘全面感知的学习情境信息或者学生在学习过程中生成的学习数据，以识别学生特性和学习情境，灵活生成最佳适配的学习任务和活动，引导和帮助学生进行正确决策，有效促进学生智慧能力发展和智慧行动出现的一种学习环境。从以上定义可以看出，智慧学习环境是一个学习场所或活动空间，这个场所或空间能感知学习情境，识别学生的特征，提供合适的学习资源与便利的互动工具，自动记录学习过程和评测学习成果，以促进学生有效学习。智慧学习环境能够实现物理环境与虚拟环境的融合，能更好地提供适应学生个性特征的学习支持和服务。

智慧学习环境具有以下基本特征：①全面感知：具有感知学习情境、学生所处方位及其社会关系的性能。②无缝连接：基于移动、物联、泛在、无缝接入等技术，提供随时随地、按需获取学习的机会。③个性化服务：基于学生的个体差异（如能力、风格、偏好、需求）提供个性化的学习诊断、学习建议和学习服务。④智能分析：记录学习过程，便于数据挖掘和深入分析，提供具有说服力的过程性评价和总结性评价。⑤提供丰富资源与工具：提供丰富的、优质的数字化学习资源供学生选择；提供多种支持协作会话、远程会议、知识建构等学习工具，促进学习的社会协作、深度参与和知识建构。⑥自然交互：提供自然简单的交互界面、接口，减轻认知负荷。期望在这样的学习环境中，通过设计多种智慧型学习活动，有效降低学生的认知负荷，提高知识生成、智力发展与智慧应用的水平；增强学生的学习自由度和协作学习水平，促进学生的个性发展和集体智慧的发展；拓展学生的体验深度和广度，提供最合适的学习支持，提升学生的成功期望。构建智慧学习环境的目的是促进学生轻松、投入和有效地学习。

智慧学习环境主要分为硬环境和软环境两部分。硬环境包括智慧校园以内的智慧教室、智慧备课室、智慧语音室、智慧图书馆（学校）、智慧探究实验室等智慧型功能室，智慧校园以外的智慧博物馆、智慧美术馆、智慧图书馆、智慧公园、智慧社区、智慧教育探究基地等，以及各种智能学习终端，如电子书包等。软环境包括各类学习资源和智能学习工具。学习资源是实现教育系统变革的基础，是教育智慧沉淀、分享的重要载体。学习资源建设包括学习资源库建设、开放课程库建设和管理信息库建设。

（二）智慧教学法

智慧教学法强调信息技术在促进教学方式、教学过程、学习方式、学习过程变革中的作用。智慧教学法主要包括智慧教学、智慧学习、智慧评价三个部分。

智慧教学是教师在智慧教学的环境下，利用各种先进的信息化技术和丰富的教学资源开展的教学活动。智慧教学以提升教师教学智慧、促进教师专业发展、培养创新人才为目的，可以有效改善传统课堂教学效果，具有高效、开放、多元、深度交互等基本特征。

教学环境的改变对教师的信息化教学能力提出了更高要求，需要进一步实施教师信息技术应用能力提升工程，开展全员培训，鼓励教师在智慧教室实施各种新型教学模式，如翻转课堂教学模式、对分课堂教学模式等进行班级差异化教学，构建智慧型课堂。

智慧学习是继数字学习、移动学习、泛在学习之后的第四次学习浪潮，在泛在学习基础上新增了“智能分析”，意在对学生所产生的大范围数据中的隐含意义进行挖掘，为评估学习过程、预测未来表现和发现潜在问题提供服务。智慧学习是在智慧环境中开展的完全以学生为中心的学习活动。学生不仅能够即时获取自己所需的资源、信息和服务，而且还能够享受个性化定制的资源和服务，不断发展自己的兴趣爱好，挖掘自己的潜能，使得学习过程更加轻松高效。智慧学习具有个性化、高效率、沉浸性、持续性、自然性等基本特征，能够帮助学生不断认识自己和提升自己，成为21世纪知识和智慧的创造者。智慧学习的开展需要学生具备较强的学习能力。学习能力是组织和个体掌握知识、创造知识、传承文化的基础，它主要包括组织学习活动的能力、获取知识的能力、运用知识的能力、创造知识的能力以及伴随学习过程而发生的一系列智力技能。在智慧教育环境下，教师要着重培养学生在认知、创造、内省和交际四大领域的学习能力。学生开展智慧学习的方法有：小组合作研究性学习、问题驱动学习、项目驱动学习、个人兴趣拓展学习、网络互动生成性学习等。

智慧评价需要充分利用大数据、云计算等先进技术，定期、持续采集各类教育数据（学业成就、体质状况、教学质量等），并对数据进行深度挖掘，从而得出更加科学、准确的评价结果。学生和教师的档案袋数据需要永久存储在云端，同时通过科学的评估模型，客观、全面地评价教师的教学绩效和学生的学习绩效，并提出更具针对性的发展建议。

（三）现代化的教育制度

智慧教育系统除了包括环境基础和理论指导外，还包括国家教育制度的创新与变革。

教育制度是指一个国家各级各类教育机构与组织的体系及其管理规则，主要由两部分组成：一是各级各类教育机构与组织的体系；二是教育机构与组织体系赖以存在和运行的一整套规则。

当前，我国教育正处于转型阶段，现代教育制度的特点包括以下几个方面：第一，在时间长度上，现代教育制度贯穿于人的一生。第二，在知识范围上，现代教育制度涉及理智、情感、审美、职业、身体等多方面。第三，在各类教育的联系上，现代教育制度注重人格的全面和谐发展，谋求各种教育之间的一体化。第四，在知识的基础上，现代教育制度重视辩证观点的形成。第五，在文化价值观上，现代教育制度尊重人的个性和独立选择，强调自我发展。第六，在教育的定义上，现代教育制度将教育定义为学生个人持续发展的过程。第七，在筛选功能上，现代教育制度认为在人的未成熟期的一次性选择是无益的，应充分发挥人的内在潜质。第八，在学习空间上，现代教育制度将教育扩展到家庭、社群、职业岗位等各种环境。第九，在预设性上，现代教育制度允许自主选择教育机会，强调适配性。第十，在施教者上，现代教育制度认为施教者可以根据时间和情境由社会整体提供。

因此，智慧教育从国家教育制度的层面来说更加重视教育实践中存在的问题，能够放眼世界，汲取和借鉴国际经验，通过制定科学合理的教育制度来提升人才培养质量，促进教育创新与变革，孕育人类智慧，促进世界和谐发展。

二、智慧教育的教育特征

（一）信息技术与学科教学深度融合

信息技术与教育的“深度融合”涉及方方面面，包括技术与管理的融合、技术与教学的融合、技术与科研的融合、技术与社会服务的融合、技术与校园生活的融合等。其中，信息技术与学科教学的深度融合应该是智慧教育的首要价值追求。课堂是教育改革的主阵地，学科教学是教育系统的核心业务。如果说信息技术与课程整合是教学改革的“物理反应”，那么信息技术与学科教学的深度融合则是“整合”基础上的“化学反应”。

智慧教育环境下，电子书包、平板电脑、智能手机等移动终端将成为课堂教学的常规载具，自带设备的运用将在全国各级各类学校中逐步推广普及。移动终端的引入将使得课堂教学变得更加灵活多样。支持各种学科教学的专用软件（如超级画板、图形计算器、几何画板等）将越来越丰富，可以实现更高效率的学科知识传授与学科能力培养。

智慧教育需要广大师生具备较强的信息技术应用能力，合理、有效应用技术促进课前、课中与课后教与学活动的全程设计、实施与评价。信息技术在学科教学中的“消融”，教师和学生从关注技术逐步转变到关注教学活动本身，这是智慧教育成功的重要标志和核心特征。

（二）全球教育资源无缝整合共享

迅速发展的科技正在创造一个新的、更小的、更平坦的世界，“地球村”正在从预言变成现实。智慧教育要培养的是适应21世纪发展需要、具有全球视野和创新思维的公民。近年来，智慧教育秉承“开放共享”理念，通过多种途径（自建、引进、购买、交换）实现全球优质教育资源的无缝整合与无障碍流通，使得世界各地的学生和社会公众可以随意获取任何适合自己的教育资源（多媒体课件、视频课程、教学软件等）。全球优质教育资源的无缝整合共享是突破教育资源地域限制的“大智慧”，将有可能缩小世界教育鸿沟，提升国家和地区的教育质量。

（三）无处不在的开放（按需）学习

智慧教育环境是通过网络将学校、家庭、社区、博物馆、图书馆、公园等各种场所连接起来的教育生态系统。云计算、物联网、移动通信等信息技术的发展为人类的学习提供了无限的可能。学习不应该固定在教室和学校，还应回归社会和生活，发生在任何有“泛在学习”需求的地方。智慧教育环境下的学习将走向“泛在学习”。“泛在学习”是点到点的、平面化的学习互联。“泛在”包含三个方面的内涵，即无处不在的学习资源、学习服务和学习伙伴，最终形成一个技术完全融入学习的和谐教育信息生态系统。

（四）绿色高效的教育管理

绿色教育强调教育事业的可持续发展，既是智慧教育的指导理念，也是智慧教育的重要特征。信息技术的普及应用为实现教育管理的智慧化，推动绿色教育的发展提供了条件。云计算技术通过整合基础设施、软件平台、应用软件三种计算资源，可以实现管理数据的统一采集与集中存储，实现管理业务流程的统一运行与监控，减少教育管理上人力、物力和财力的浪费。物联网通过射频识别、二维码、红外感应、全球定位等技术，将各种教育装备与互联网连接起来，进行智能化识别、定位、跟踪、监控和管理，可以有效提高管理效率和质量。大数据技术全面采集各种教育数据，进行科学统计分析与数据挖掘处理，可以为教育决策（经费分配、学校布局等）提供数据支持，而科学的教育决策又将推动教育事业的可持续、均衡发展。办公自动化的全面普及将大幅度减少纸张浪费，实现教育领域的低碳环保。

(五) 基于大数据的科学分析与评价

智慧教育需要更具“智慧”的教育评价方式，“靠数据说话”是智慧教育评价的重要指导思想。

物联网、云计算、移动通信、大数据等新一代信息技术的发展为教育评价从“经验主义”走向“数据主义”提供了技术条件，可以实现各种教育管理与教学过程数据的全面采集、存储与分析，并通过可视化技术进行直观的呈现。智慧教育环境包括学业成就评价、体质健康评价、本科教学质量评估、教育信息化与教育现代化发展评价等在内的各种教育评价与评估，将更具智慧性、科学性和可持续性。

第二节　智慧教学环境建设

一、智慧校园建设

(一) 智慧校园建设的总体目标

智慧校园建设的总体目标就是在现有校园网络的基础上，体现“以人为本”的理念，把射频识别技术、各种传感器装配到教学、科研、后勤、生活等学校领域的各个部门，通过智慧校园平台，将其串联在一起形成物联网，将各种信息融合到学校的每个人和每件物上，实现人与人、人与物、物与物的互联与协作，做到服务于全体师生。

(二) 智慧校园建设的总体原则

智慧校园建设主要遵循以下原则。

1. 统一标准，资源共享原则

智慧校园的建设需要充分考虑相关信息系统与学校所在省、市教育信息资源的共享，建立信息资源共享机制，充分利用网络基础、业务系统和信息资源，加强整合，促进互联互通、信息共享，使有限的资源发挥最大的效益。

2. 开放性原则

智慧校园的建设要对各个应用系统的开发平台、数据库和运行环境进行统一考虑。智慧校园在后期的应用过程中，校园网上的应用和资源会越来越多，因此，前期的建设必须考虑学校未来需求的变化和扩展，通过开放性的平台进行持续改进，并实现更加方便的系统维护。

3. 以平台为框架，无缝集成学校已建和今后新建的业务应用系统原则

在符合教育部和行业标准的体系指导下，建设智慧校园数据标准，以智慧校园平台为框架，无缝集成学校已建和新建的业务应用系统，促进数据利用的最大化。最大限度地融合数据交换集成、用户管理、统一身份认证、业务数据整合、信息资源展示等，以标准、数据、应用、用户为重点要素进行规划和建设。

4. 先进性原则

系统设计采用先进的智慧校园理念、先进的技术和先进的系统工程方法，目标是建设一个可持续发展的、具有先进性和开放性的智慧校园。

5. 系统安全性原则

在系统软件设计与建设中，应该充分考虑数据安全、网络安全、传输安全、管理安全等系统的安全。

(三) 智慧校园建设的总体架构

智慧校园建设的总体架构从下到上分别为智能感知层、网络通信层、智能信息采集与管理平台层、智慧应用支撑平台层、智慧校园应用层和统一信息门户，辅以信息标准与规范体系、运行维护与安全体系两个保障体系保障智慧校园的规范建设与运行维护。

1. 网络通信层

网络通信层的主要功能是实现移动网、物联网、校园网、视频会议网等各类网络的互联互通，实现校园中人与人、物与物、人与物之间的全面互联互通与互动，为随时、随地、随需的各类应用提供高速、泛在

的网络条件，从而增强信息获取和实时服务的能力。

2. 智能信息采集与管理平台层

智能信息采集与管理平台层包括智能信息采集网络、物联网数据、元数据、物联网互通管理中心、物联网设备运行管理，主要功能是实现对收集到的数据的整理及不同系统之间数据的格式转换。

3. 智慧应用支撑平台层

智慧应用支撑平台层负责对收集到的信息进行全面集成、数据挖掘和智能分析，依赖于智慧校园中沉淀的多源、海量的非结构化和结构化数据，所有这些数据均通过 Hadoop 集群进行挖掘，数据分析和处理的结果存储在专用数据库中供系统和用户使用。

智慧校园以实现个性化服务为目标，客观上要求对校园用户的实际需求进行挖掘。校园网、无线网、一卡通、MOOC、数字学习、社交平台等系统的海量日志蕴含了用户日常工作、学习、生活中的行为习惯和爱好等，这为通过数据挖掘提升用户的使用体验、改进服务流程和提高服务质量提供了条件。

4. 智慧校园应用层

智慧校园应用层主要提供个性化服务、智能决策服务等。通过将教务管理系统、科研管理系统、人事管理系统、财务管理系统、资产管理系统等典型业务系统，传感系统、视频监控系统、社交网络系统等新型业务系统以及各种应用系统进行高度融合，构建开放的学习环境，最终为师生提供个性化、智能化的应用服务。

5. 统一信息门户

智慧校园通过对各种服务进行融合，展现在用户面前的是统一、友好的使用入口界面——综合信息服务平台（统一信息门户）。统一信息门户提供统一的接入门户和入口界面，针对不同授权角色的用户，提供个性化的信息服务。用户只需访问个性化的校园门户，就可以进行各种信息资源的查询、交互与协同。同时，信息化的服务方式提高了管理效率和管理水平，有助于监控服务质量，提高服务能力。

6. 信息标准与规范体系

信息标准与规范体系确定了信息采集、信息处理、信息交换等过程的标准和规范，规范了应用系统的数据结构，满足了信息化建设的要求，为数据融合和服务融合奠定了基础。

7. 运行维护与安全体系

运行维护与安全体系是智慧校园正常运行的重要保障。智慧校园中的安全涉及物理安全、网络安全、数据安全和内容安全四个方面；物理安全包括设备安全、环境安全、容灾备份、介质安全等；网络安全包括风险评估、安全检测、数据备份、追踪审计、安全防护等；数据安全主要包括数据库安全、数字签名、认证技术等；内容安全主要包括数据挖掘、隐私保护、信息过滤等。

二、智慧教室建设

（一）智慧教室平台架构

智慧教室的平台构架由设备层、门户层、应用层、服务层、数据层、基础层、网络层七个部分组成。

1. 设备层

智慧教室支持多种设备接入用于设备连接。设备主要包括电子白板、电子黑板、笔记本电脑、平板电脑、网络摄像头、打印机、手机、监视器等一系列智慧教室的设备。另外，还包含智慧教室的周边辅助设备，如充电柜、网络设备、备用电源等。

2. 门户层

教育云服务网站通过统一的登录服务，可以支持用户在电子书、手机、电脑等终端登录，登录后可享受多种服务，并在门户网站上集合教育资源管理、家校联络管理、学校教学管理、账号服务管理等多种相关功能的入口。

3. 应用层

综合智慧教室的主要功能，按照模块化、独立化的原则进行设计，主要包括远程教育系统、互动教学系统、教育应用商店、教室智能控制、教学质量评估系统、云书城、教师线上备课系统及智能阅卷系统。

4. 服务层

提供支撑应用层操作的相关基础服务，包括数据挖掘服务、身份认证服务、数据库服务、多媒体点播直播服务、全文检索服务及文件服务。

5. 数据层

智慧教室平台拥有多数据库的支撑，保证了平台数据的庞大性、可靠性、稳健性及账号数据的安全性，主要包含用户数据库、教学系统数据库、资源数据库及评价系统数据库。

6. 基础层

基础云服务包括存储服务、服务器服务、网络连接服务，支撑智慧教室平台系统的基础设施可以在云环境下稳定工作。

7. 网络层

智慧教室平台所依赖的基础网络包含平台所涉及的网络，有 5G 网络、无线网络、有线网络等。

(二) 智慧教室系统功能组成

智慧教室一般由内容呈现系统、学习资源系统、教学交互系统、环境感知系统、实时记录系统、在线测试和评价系统及身份感知与识别系统组成。这些系统共用教室内的信息资源和各种软硬件资源，在完成各自功能的同时，彼此相互联动与协调。

1. 内容呈现系统

内容呈现系统是智慧教室的重要部分，也是开展课堂教学的基础。设计良好的内容呈现系统可以提高教学内容的传递效果。内容呈现系统包括交互演示子系统、虚拟现实子系统，通常由黑板、投影仪、电视、交互式电子白板（双板）、移动终端、电子书包、虚拟设备、无线机顶盒、扩音设备等组成，其基本功能如下：①呈现教师的演示文稿、教学软件、操作过程等。②呈现学生移动终端或者电子书包上的内容、作品以及操作过程等。③呈现教师与学习资源互动内容。④呈现教师与学生互动内容。⑤呈现学生与学习资源互动内容。⑥实现虚拟教学环境，模拟现实物理环境不容易实现的虚拟教学环境。⑦实现对室内视觉、听觉呈现相关软硬件的管理。⑧呈现语言扩声和音乐扩声。

交互演示子系统由移动终端、电子书包、交互式电子白板、黑板构成。根据需求，呈现教师上课教学内容，教师可以与云端教学资源实时交互，学生利用电子书包上课，也可以与云端学习资源实时交互。而且，交互演示子系统可以根据需求实时呈现教师与学生、学生与学生、小组与小组的交互内容，提高教学效率，交互演示子系统代表着智慧教室的教学信息呈现能力。

虚拟现实子系统旨在让教师借助虚拟设备，实现物理环境与虚拟环境的无缝融合，让学生体验虚拟的不同学习环境，避免资源浪费。教师利用虚拟现实子系统可以更方便的实施情境教学。

虚拟现实子系统又包括相互关联、协同工作的视觉呈现子系统和听觉呈现子系统。视觉呈现子系统由各种无线终端（信号源）、无线机顶盒（转换传输设备）、投影仪和电视机（显示设备）构成。无线终端通过局域网将画面发送给无线机顶盒，无线机顶盒连接到显示设备，实现显示功能。听觉呈现子系统可以实现教学过程中的语言扩声和音乐扩声。语言扩声主要用于教室内拾音、放大和扬声，一般采用以前置扬声器为中心的音响系统。音乐扩声主要用来播放音乐、歌曲等内容，采用双声道、立体声形式，有的采用多声道和环绕形式，多以低阻抗的方式与扬声器配接。

2. 学习资源系统

学习资源系统主要是指学习资源存储、分发系统。学习资源系统将开发的资源放置在云端，师生可在上课过程中实时同步课程资源，并保存教学过程中的生成性资源。此外，对于课堂教学过程，学习资源系统可实时录制并存储到云端。学习资源系统通常由电子书包、课堂教学资源、学习过程记录、云服务平台等构成，可实现以下功能：上传教师开发的教学资源，学生终端同步的学习资源，录制师生上课过程，存储教学过程。

学习资源存储、分发系统的主要功能是由教师将开发的数字化资源和教学过程中的生成性资源上传到云服务平台，学生也可以将自己开发和找到的学习资源上传到云服务平台，分享给其他同学。

教学过程录播系统是生成性资源录入的主要辅助系统，主要是在学校流行的录播系统上增加记录学生学习轨迹与教师教学轨迹的功能。

3. 教学交互系统

教学交互系统是课堂教学过程中师生、生生交互的支持系统。该系统支持课堂讲授、协作学习以及学生自主探究等多种学习方式，对于实施形成性评价具有重要价值。课堂交互系统通常由各种学习终端、云服务平台组成，可实现师生、生生的互动，小组讨论和学习，学生个人的探究，学习过程、学习评价的记录。

4. 环境感知系统

环境感知系统的使用有利于为学生营造一个健康、舒适的学习环境。该系统通常由温度传感器、气体成分传感器、压力传感器、光纤传感器组成。其基本功能如下：感知室内温度，当温度超过预设范围时发出警报，并启动温控设备；感知室内气体成分，当气体成分超过预设范围时发出警报，并启动新风设备；感知学生坐姿，当学生坐姿出现问题时，给予震动或声音提示；感知室内光线，当光线过强或过弱时，开启窗帘或照明设备。

(1) 气候监控系统。气候监控系统由三部分组成：室外气象站、室内空气感知系统和空气调节系统。室外气象站可测量风向、风速、温度、湿度等常规气象要素，并将需要气象信息及时传送到教室内的空气感知系统，由其决定是否发出警报、调节窗帘控制进光量或启动空气调节系统。空气调节系统一般由进风、空气过滤、空气热湿处理、空气的输送和分配、冷热源等部分组成。

(2) 气味监控系统。气味监控系统能够对教室内的一氧化碳、二氧化氮、苯、氨气、烟雾等有毒气体和物质进行探测，其核心设备有感烟式传感器、感温式传感器、感光式传感器。

（3）照明监控系统。在智慧教室中，照明监控系统有两个任务。一是环境照度控制，即根据日照情况自动调整窗帘和室内灯光的开关。二是照明节能控制，将教室划分为若干区域，安装6～8个光传感器，可以根据不同区域的光线的强弱，自助开关该区域的灯光，从而达到节能的目的；也可利用光电、红外传感器检测室内的人员活动情况，一旦人员离开教室，就会自动关闭灯光，达到节能的目的。

以上智能环境感知系统（又称为环境控制系统）主要基于射频识别技术等物联网技术，根据学生学习的需要，根据课堂外光照条件的需要，根据季节气候的不同需要，根据课堂内的声场环境的需要，对课堂内的光、电、声、温进行调控。

5. 实时记录系统

实时记录系统主要是在学校流行的录播系统上增加记录学生学习轨迹与教师教学轨迹的功能。教师可对教学视频进行分析，反思教学过程，撰写反思日志。实时记录系统可为教师教学决策和学生自主学习提供参考和有效的数据支持。

6. 在线测试和评价系统

在线测试和评价系统主要包括教师可以利用即时反馈系统在教学的过程中随机出题进行意见征集和应答反馈，以收集学生对某一具体内容和问题的观点或掌握情况，反馈结果可以及时呈现，便于教师及时调整自己的教学内容或过程。学生也可以利用同步标记系统对教师讲课时的声音大小及语速进行反馈，在教师的教学终端上会即时显示学生对教师讲课声音大小和语速快慢的评价，教师可以根据学生的整体评价意见进行及时的调整，以保证教学的最佳效果。

另外，在课程学习开始前和课程学习结束时，可以利用在线测试和评价系统对学生的预习情况和本堂课程的学习情况进行测试，测试结果通过学习支持系统的后台运算，可以及时地提供测试分析结果。预习测试可以帮助教师了解学生的预习情况，从而确定自己的教学起点；学习结束时的测试可以帮助教师了解学生课堂学习完成时的学习目标达成情况，对出现的问题采取及时的教学补救措施。

7. 身份感知与识别系统

智慧教室中利用射频识别、人体识别系统等传感装置可以按约定的协议，对教室里师生的出入情况进行记录，把各种设备连接起来并进行信息交换，实现智能化识别和感知。

三、RFID图书馆管理系统

图书管理是射频识别技术应用的一个重要方面，图书馆是图书管理需求最为集中的应用场所。据调研分析，目前全国共有1万多家图书馆，且大多数图书馆已经从纯手工管理方式过渡到了采用条形码识别、计算机网络、计算机软件技术的数字化管理模式。虽然采用了许多现代化技术，但还是有许多问题困扰着图书馆的管理及工作人员。例如，图书的自助借还、图书的快速盘点和查找、错架图书的整理等问题还是没有得到很好地解决，阻碍了图书馆进一步提高管理和服务水平。图书馆界也在不断地努力寻找一种更为先进的技术来实现他们的迫切愿望。

（一）RFID图书馆应用优势

电子标签具有双重角色的作用：一方面是用于身份识别，用来对物品进行跟踪和清点；另一方面是用于物品的安全保护。也就是说，射频识别技术同时具备了身份识别和防盗的功能。射频识别技术的这种特点大大地提高了资料处理能力，只需通过一个简单的操作就可快速、准确地完成资料流通过程。

1. 简化了借还书流程，提高了流通效率

引入先进的读写技术可以实现自动化的图书借还流程，提高信息存储的安全性、信息读写的可靠性及借还书效率。射频识别系统的自助借还书功能，支持一次借还10本以上（可灵活设定限制）的图书，大大提高了借还书效率。

2. 大幅降低了图书盘点和查找工作量

引入先进的射频识别图书盘点工具和方法，可实现图书盘点的自动化或半自动化。射频识别技术的非接触、远距离、快速读取多个标签的特点，使盘点工作简单有效，实现了轻松盘点和顺架等功能；上架时可以根据书库图形化路线（相当于电子地图）指示馆员按正确位置摆放馆藏。

3. 改善了借阅管理和安全防遗漏流程脱节的情况

RFID系统对现有的管理系统进行改进，将防遗漏系统与图书流通管理系统联系起来，记录每本图书的进出库情况，从而可以与借还书的历史记录进行匹配。

4. 提高了图书馆工作人员的工作满意度

图书馆射频识别系统的运用主要体现在以下几个方面：①射频识别技术大大减少了流通工作量，剩余的流通工作也是配合射频识别技术的自动化工作，这样大大提高了流通馆员的工作积极性和精神面貌。②射频识别技术解放了大批流通馆员，使他们可以从事其他的更高级的咨询工作，如进行流动服务，举办讲座、展览、培训等。③射频识别技术使图书馆工作人员的主要工作从流通转向咨询，有助于图书馆提升人员素质，吸引更多的专业人才加入，有助于图书馆其他服务工作质量的提高。

5. 提高了读者满意度

随着全社会成员服务意识的不断增强，读者对图书馆的服务要求也越来越高，图书馆需要迫切提升服务水平，提高读者满意度。

图书馆采用射频识别系统可以给读者带来的影响主要有以下几点：①避免排队等候，更方便、更快捷。②更长的图书馆开放时间。③保障隐私性、选择性和独立性。④高科技带来的全新感受。

6. 改变了图书馆的服务模式

①可以实现无人图书馆。射频识别技术的应用使无人图书馆成为可能，图书馆可以实现真正意义上的全天候开放。②图书馆业务流程重

组。RFID解放了流通部门占有的大量人员，使图书馆的业务流程重组变得必要和可行。图书馆将从以馆藏为中心转向以读者为中心，提供给读者的服务将变得多元化、高级化和人性化。③参考咨询性工作的重要性越发突出。图书馆的参考咨询工作是读者与信息资料之间的中介，使图书馆区别于一般的信息工具或者网络。图书馆流通工作淡化后，参考咨询工作会成为图书馆的主要工作。④不满足于开展阵地服务、传统服务，充分利用各种设施和技术条件，为社会公众提供多样化、个性化服务，使图书馆的服务广度与深度都得到延伸，使公共文化服务能力得到提高。

7. 实现了图书馆全面数字化管理

除了图书、光盘、馆藏珍品外，图书馆对其他方面的管理也需要数字化，如对读者的管理、行政管理等。通过射频识别技术，能够有效地将这些环节数字化。

通过使用射频识别技术，可在图书馆中实现快速馆藏清点功能、借还书时即时资料识别和安全防盗功能、快速准确的数据库检查和更新功能等，这使得图书馆管理员的工作变得更加轻松、简便。

射频识别系统可以和传统的安全系统同时使用，与现存的图书馆基础设施和集成图书馆系统（ILS）进行无缝连接。

综上所述，射频识别技术带给图书馆的好处是显而易见的，这些好处归结为一点就是“加强图书馆管理，满足读者需求”。

（二）RFID图书馆管理系统总体设计

1. 设计思路

信息技术是现代图书馆最主要的技术支撑，馆藏图书文献是图书馆最基本的资源实体，文献提供是图书馆最主要的服务内容。

目前在国内图书管理系统中普遍采用“安全磁条＋条形码”的技术手段，以安全磁条保障图书的安全，以条形码作为图书的身份证，解决了图书管理中的一些问题，但是图书高速盘点、图书借还、图书区域定位等问题还是没有得到很好地解决，而利用无线射频识别技术可使上述问题的解决变得相对容易，快速借还、高速盘点、快速查找、定位、顺架、导架、上架、整架、分拣等功能均可实现。对图书馆图书和文献服务的排架提出全新的定位和排架理念，采取文献、书库书架的一体化射频识别标识，从而构架起计算机信息和馆藏文献、工作人员服务之间更为方便、高效、便捷的桥梁。

2. 系统特点

（1）智能化识别。读者将要借或还的书籍全部放在自助借还书机读写器可识别区域内，读写器自动扫描图书里的 RFID 标签，一次性读取多本 RFID 图书标签的信息。

RFID 标签扫描时无须直线对准读取器，读写速度快。同时，RFID 是以无线电波来传递信息的，不会有传输屏障的问题。

（2）成本低廉。将非接触芯片嵌入低成本的介质，可以最大限度地满足解决方案的需要，应用这一先进技术可以大幅减少设备的投资和维护费用以及硬件磨损的成本。

（3）个性化界面。读者可在自助借还书机的触摸屏上独立完成借还书，操作界面会提示读者按步骤进行操作，并且有详细的注意事项说明，借还书过程简单快捷。

（4）灵活性。自助借还书机的高度能由读者通过按钮进行调节，以方便儿童或其他人群使用；还书箱内底板可随书的重量自动调整其上下位置，以减轻工作人员的负担。

（5）安全性。按照 TCP/IP 联网协议，通过 SIP2 标准协议接口与图书馆终端数据库进行数据交换，确保系统安全。

RFID 标签内部可以分为各个独立的应用区域，存放不同的应用数据。每一张电子标签都有一个 32 位的全球唯一的序列号，该序列号在生产过程中写入，无法更改。

（6）重复使用。图书标签具有十万次的重复擦写功能，可提高图书馆的工作效率，节约成本。读者借还书成功后，将产生该次操作的记录，由内置的票据打印机输出。

（7）操作方便。系统安装和调试非常简单，后期的使用和运营维护也十分便捷，查找、识别图书档案的速度很快，而且防盗、防损，能够提供高度的安全性。

第三节　智慧课堂教学模式

一、智慧课堂教学模式建构

（一）互动式智慧课堂教学模式和探究式智慧课堂教学模式研究

在实际教学中，根据具体情况，可以构建出适合当前教学应用的互动式智慧课堂和探究式智慧课堂教学模式。

互动式智慧课堂在教学过程中以教师为主导作用，学生在学习过程中的主体作用也被其所关注；探究式智慧课堂学在探究学习过程中以学生为主体，把课堂学习的主动权交给学生，同时也注重教师的主导作用。

两种教学模式的侧重点不同，但同时既有差别又有关联。两种教学模式在教师发挥主导作用和学生主体地位体现出不同，互动式智慧课堂更偏向教师在教学过程中的主导作用，探究式智慧课堂则更突出学生在体验探究学习中的主导地位。

探究式智慧课堂相对互动式智慧课堂更注重学生学习的主动权，教师的角色由主导为主转为适当引导，把课堂的主动权真正归还给学生。

两种教学模式各有特点，优势互补，适用于当前试点的实际教学，前者是从新授课的教学中提炼出来的，后者则是从探究性的教学中提炼，为教师的教学提供理论指导。

技术的巨大进步给教育带来了深刻变革，课堂学习环境从多媒体环境向智慧环境发展，学习内容的传递方式以及教师与学生的互动方式也发生了较大改变。

因此，信息环境下新的教学模式的应用实践显得尤为重要，智慧课堂教学模式的建构为实际课堂教学提供了新思路和方向，不论是从节省教学资源的角度还是提高课堂教学效率的角度，都能为课堂带来实质性的进步。

（二）基于建构主义的智慧课堂教学模式研究

1. 以学生为中心的“建构主义”模型与启示

“建构主义”是适应互联网时代技术变革，富有全新理念和模式的新型教育理论，为开展网络环境下的教学和学习提供了科学依据。其核心观念认为“学习是在一定情境下、借助他人的帮助即通过人际的协作活动而实现的意义建构过程”。因而“建构主义”倡导“以学生为中心”，将学习的自主权还给学生，让学生自主学习，在教学实践中十分重视理想学习环境的构建，突出协作、互动的学习方式。建构主义学习模型为“互联网＋”时代破解“班级授课制”教学的难题，创建新的课堂教学模式提供了重要的理论参考模型。

（1）学习是学生主动建构知识意义的过程。“建构主义”认为，在学习过程中学生依靠已有的知识经验和认知能力，通过新、旧知识之间的双向相互作用，调整、改造原有的经验，形成新的经验体系。这充分体现了学习是学生主动的行为，课堂教学必须以“学生为中心”。教师必须真正地将课堂交还给学生，衡量课堂教学效果优劣的根本标准在于“学”的怎样，包括学生在课堂上的学习态度、学习气氛、学习参与程度等行为表现。

（2）教师是学生意义建构的帮助者、促进者。教师应当通过设计有价值的、有意义的问题，引导学生持续思考，不断丰富或调整学生原有的知识经验，帮助学生建构真正的、灵活的知识，激发学生学习的热情、好奇心以及探索研究的精神，帮助和促进学生愿学、乐学、会学。

（3）“情景创设”“协商会话”“信息提供”是促进意义建构的关键要素。建构主义强调课堂教学情境的创设，在教学中应该把所学知识与一定的真实任务联系起来，通过具体情境认识其本质，以便灵活运用于现实世界的真实问题中；建构主义认为学习具有社会互动性，学生通过协商会话，可以形成对知识更丰富、深入、灵活的理解，为知识建构提供丰富的资源和积极的支持；信息提供是实现建构主义学习的重要支持，它可以及时、大量地提供学习资源信息，辅助学生建构知识意义。

（4）信息技术有助于创设理想的学习环境。现代信息技术的发展与广泛应用，尤其是大数据、物联网、移动互联网和人工智能等新兴智能信息技术，为打造信息化、智能化的学习环境提供了先进的技术手段。通过开发利用智能教室、电子书包、智慧学习平台等，实现“云网端”的教学运用，在课堂教学中，师生可进行更为灵活、更为高效的交流互动，实现即时、动态的评价信息反馈，构建理想的学习环境。

2. 构建面向未来的智慧课堂模式

针对网络背景下课堂变革的需要，依据“建构主义”学习模型，基于信息技术实现课堂教学的结构性变革，重构面向未来的新型课堂，“智慧课堂”应运而生。

（1）智慧课堂的定义。对“智慧课堂”概念的理解有教育学和信息化两种视角。从学校教学改革的现实需求来看，随着素质教育改革的不断深入，新的课程理念认为，课堂教学不是简单的知识学习过程，它是师生共同成长的生命历程，是情感与智慧综合生成的过程。《辞海》中对智慧有专门的解释，即“对事物认识辨解、判断处理和发明创造的能力”。由此看来，“知识”与“智慧”不是等同关系，智慧是不能像知识一样可以直接传授。智慧的形成是需要在一定的情境下，通常是在意义建构的过程中，通过教育的帮助和促进而不断得到开启、丰富和发展。因而课堂教学是要帮助和促进学生在知识获取的过程中得到智慧的发展，智慧的发展也只有在富有智慧的教育环境下才能实现。

网络时代智慧课堂的构建应以“建构主义”理论为基本依据，利用“互联网＋”的思维方式和物联网、大数据、云计算、人工智能等新一代信息技术来构建一个智能、高效的新型课堂，实现数据化的教学决策、即时化的评价反馈、立体化的交流互动、智能化的资源推送、可视化的教学呈现和数字化的实验展示，创设有利于协作交流和意义建构、富有智慧的学习环境，促进课堂教学结构和教学模式变革，实现全体学生的智慧发展。

（2）智慧课堂教学的主要特征。智慧课堂作为网络时代利用新一代信息技术构建的新型课堂，具有鲜明的技术特色，主要包括以下六个方面。

数据化教学决策

现代学校教育教学过程中面临着丰富多样的数据信息，涉及教学、学习、实践、管理等各方面的状态情况，学习状态数据又包括学生特征、学生学习的基础状况、学习态度和需求、学习行为、学习效果等，智慧课堂基于大数据和学习分析，对学生学习的全过程进行动态数据的收集和挖掘分析，使得教学决策从过去依赖于教师的教学经验转向依靠教学过程中的数据信息，实现基于数据的教育。

即时化评价反馈

在智慧课堂教学中，由于信息化平台的应用使得伴随式学习评价成为可能。即基于智慧课堂的多元教学评价系统，实现了课堂教学全过程的学习诊断与评价，在课前可以进行预习试题的测评与反馈，在课堂内教学时的学习效果检测与即时的评价反馈，在课后通过基于平台的作业评判和情况反馈，从而实现即时化的学习诊断及评价反馈。

立体化交流互动

基于智慧课堂"云、网、端"平台，实现了学习时空泛在化，教学交流互动立体化。教师与学生之间、学生与学生之间的信息沟通和交流方式更加多元化，形式更加生动活泼。无论在课堂内进行的师生即时互动，还是课外借助云端平台的沟通交流，使得教师和学生可以在任何的时间、地点进行信息互动交流，实现师生、生生之间无缝沟通。

智能化资源推送

智慧课堂云学习平台为学生提供了电子文档、图片、语音、微视频、网页等形式多样的富媒体学习资源，基于大数据分析和智能推送技术，还可以按照学生的个性化特征和需求差异，有针对性地推送学生需要的个性化学习资料，实现资源推送的智能化、个性化，帮助学生固强补弱，真正实现因材施教和个性化教学。

可视化教学呈现

在智慧课堂教学中利用计算机图形学和图像处理技术，提供计算机辅助设计、虚拟现实、思维可视化呈现等功能，有效提高信息加工和信息传递的效能。比如利用学科思维导图、模型图等思维可视化功能，把本来不可见的“思维”呈现出来，使其清晰可见；在实验教学中基于建模、仿真、渲染、增强现实等技术，将难以展现的复杂实验过程形象化地呈现出来。

(3) 智慧课堂教学模式的核心内涵。智慧课堂教学是依据“建构主义”学习理论进行教学顶层设计，运用网络思维方式和新一代信息技术与学科教学的深度融合，创新、重构课堂教学模式，实现“云端构建、先学后教、以学定教、智慧发展”的新型信息化教学模式。这一模式的基本内涵可分为以下几个方面。

云端构建

利用云计算、大数据、移动互联网和人工智能等新兴智能信息技术，基于“云、网、端”的部署方式，构建智慧学习云平台，提供教师端和学生端的移动学习工具，创设有利于协作交流和意义建构、富有智慧的学习环境和手段。

先学后教

依据“建构主义”学习理论，树立“以全体学生为中心”的理念，注重利用技术为学生的有效学习服务，变革传统课堂“先教后学”、课后“知识内化”的流程，开发富媒体学习资源提供给学生课前自学，主动开展预习探究，实现“先学后教”和“知识内化”的提前。

以学定教

基于“云网端”平台，提供学生学习特征和学习历史档案记录，通过课前预习测评和即时反馈，课中随堂测验和实时交流互动，课后在线作业和个性化、微课式辅导，精准地掌握学生学情，优化教学预设和实施策略，实现“以学定教”。

智慧发展

基于新的课堂形态和学习环境，提高教学全过程的针对性、科学性、有效性，通过智慧地教和智慧地学，帮助学生实现符合个性特征的智慧成长，帮助教师实现专业化发展，实现学校智慧教育的健康发展。

(4) 智慧课堂教学的实践应用。

重构学习环境

“建构主义”理论揭示了互联网背景下学习的本质、特点和实现方式，提出了理想学习环境的要素构成，这些为“互联网+”时代智慧课堂的构建提供了重要的参考模型。利用“互联网+”的思维方式和当今多种最新的信息技术手段，如基于物联网的感知技术、大数据分析技术、人工智能技术等，针对课堂教学的课前、课中、课后全过程应用需要，创建一个高度感知、互通共享、协同服务的智慧教育环境和各种有利的认知工具，使课堂变成生动的数字化“体验馆”和“实验场”，有利于在教学过程中采取多元的交互协作方式，增进教师与学生之间、学生与学生之间的立体化沟通交流，加强数据信息的智能处理、推送，有利于开展协作和探究学习，帮助学生实现意义建构。

重构教学模式

借助智慧课堂“云网端”信息化平台，促使传统教室的形态发生了变革。教师利用移动智能终端走进学生中间，与学生平等交流，融洽了师生关系，改变了师生角色，教师成为学生学习的帮助者、促进者，有利于树立“以学生为中心”，利用动态数据和学习分析技术，实现数据化决策、即时化评价、立体化交流、智能化推送、可视化呈现和数字化实验，增进课堂学习的交互与协作，建立新型的信息化课堂教学模式，提升课堂的信息化、智能化水平。基于智慧课堂信息化平台应用，通过课前预习和测评反馈，实现“以学定教”；在课中通过实时检测和互动交流，实现“精准教学”；在课后通过智能化作业推送和微课式辅导，实现“因材施教”。

重构学习方式

在智慧课堂学习环境下，移动的学习工具、富媒体学习资源、教师的个性化辅导等，为学生的个性化学习提供了极为便利的条件。学生利用移动终端，既可以与教师、同伴互动交流，又可以在线学习相关课程和配套资料，实现碎片化、泛在化学习。传统的“班级授课制”课堂中一个班级有几十个学生，教师根本不可能照顾到每个学生的个性特征和个性需求，大数据等新一代信息技术的应用解决了这一难题。例如，利用大数据学习分析，教师可以关注学生的学习过程、学习行为，可以精准地获得学生的真实表现。大数据学习分析提供了最为个性化的学生特点信息，有助于课前针对性地导学，课中有针对性地进行分组学习、协作学习，课后完成多样化、个性化的作业，提高了学习的针对性、有效性。

重构教学评价

基于智慧课堂动态学习数据分析和“云网端”应用，有利于构建全过程动态学习评价体系。未来课堂在课前阶段，基于学生学习历史数据分析和课前预习测评反馈，实现准确的学情评价分析，以利于教学预设、以学定教；在课中阶段，通过课堂的实时评测和互动交流，准确地了解学生课堂学习的实时状态，便于随机调整教学策略，实现精准教学；在课后阶段，通过智能化作业推送、在线提交和批改，与学生课后交流，及时地掌握学生作业情况和反馈辅导，有效地巩固和提高学生的学习效果。学习评价从过去的结果性评价向伴随式、诊断性评价转变，评价与教学有机结合，形成全新的评价体系。

重构教学管理

智慧课堂学习环境下的教学管理方式也发生了根本变化。智慧课堂教学模式鼓励学生自主选课、自主学习、分层教学，必然要求教务管理、学分管理、考试管理等进行相应的调整改革，建立“自主选课”的课程计划、“走班学习”的教学安排、“在线学习”的学分认定等新的制度，探讨基于个人网络空间、班级学习社区的学生管理、班级管理新方式，通过建立学生学习成长档案、学生个性特征记录，开展学生的综合素质评价。此外，智慧课堂端工具可以拓展到“家长端”和“管理端”，有利于家校互通，将管理、家庭教育与学生学习有机结合起来，建立新的教学管理模式。

二、智慧课堂教学模式优势

（一）利用智慧教室激发学生兴趣，激发学生学习的主动性

兴趣是最好的老师。交互式电子白板其本身特有的功能就具备了趣味性的特点，在开课之初就能很好地利用互动来激发学生的学习动机。智慧课堂是更完全的大数据，HIBoard 电子白板无缝整合 IES 云平台，资源运用更便利、更高效。而 HILearning 电子书包学习系统更是学生的学习伙伴和小教师，让学生更愿意自主地发现问题、解决问题，这种积极主动的学习状态甚至可以延续到课堂以外。

（二）TBL 的学习形式让每个学生都参与其中

所谓 TBL（Team-Based Learning），也就是团队导向学习。通常学生的注意力最为集中的时间就是开始的 10 分钟左右和结束前的 5 分钟左右。而 TBL 课堂就是要抓住这黄金 20 分钟，进行最高效能的学习。利用开始最黄金的 10 分钟目标明确地讲授基础和重点。接着教师抛出需要巩固的读写练习或者需要探讨的文本内容，用 10 分钟左右的时间以合理化的小组为单位进行小组间的讨论与合作学习。组内成员不光要发表自己的看法，还要进行相互间的指正与学习，最后形成较为统一的小组立场。在这个过程中，学生主动探讨的学习方式会碰撞出许多精彩的思维火花，学生的学习主动性和创造性也会极大地提升。

（三）即时的学习反馈更好地掌握学生的学情

智慧课堂最为重要的一个特征就是其可以实时地反馈学生的学习状态。在教学过程中，IRS 系统会根据教师所设定的问题进行检测，再根据 clouDAS 云端诊断分析服务予以分析，并以数据的形式将学生学习的效果进行反馈。可以说这就是将学生的思维变得“可视”，而教师也就可以根据这些数据适时地调整教学的进度和难度，提高课堂效率。

参考文献

[1]高云.课堂教学微创新[M].天津:天津教育出版社,2018.

[2]陶才华.课堂教学艺术[M].北京:北京教育出版社,2018.

[3]胡振芳.课堂教学思与行[M].北京:光明日报出版社,2018.

[4]闫战民,李奎武,朱玉廷.核心素养下的课堂教学[M].沈阳:辽宁大学出版社,2018.

[5]李新义.智慧课堂教学理论与实践[M].合肥:安徽教育出版社,2018.

[6]李炳煌.中小学课堂教学诊断[M].长沙:湖南教育出版社,2018.

[7]韩炳秀.核心素养下的课堂教学[M].青岛:青岛海洋大学出版社,2018.

[8]孔云.经典教学理论与课堂教学应用[M].北京:海洋出版社,2018.

[9]张屹,陈蓓蕾,沈爱华.智慧课堂教学研究的方法与案例[M].武汉:华中师范大学出版社,2018.

[10]高茂军,王英兰.核心素养引领下的课堂教学革新[M].天津:天津教育出版社,2018.

[11]张敬培,邓永刚.益智课堂教学实施指南[M].北京:现代教育出版社,2019.

[12]何朝东.课堂教学中的心理效应[M].天津:天津教育出版社,2019.

[13]韦晓燕.小学课堂教学与思维创新[M].成都:四川大学出版社,2019.

[14]高巍.课堂教学行为观察与评价研究[M].武汉:武汉大学出版社,2019.

[15]王静.学科核心素养的培养与课堂教学转型[M].天津:天津教育出版社,2019.

[16]蔡玮倩,孟丹,朱磊.信息化课堂教学与学生管理应用教程[M].西安:陕西师范大学出版社,2019.

[17]邵静霞，于昆鹏.特殊教育学校课堂教学有效策略研究[M].合肥：安徽大学出版社，2019.
[18]徐莉莉.互联网时代中混合课堂教学模式研究[M].北京：北京工业大学出版社，2019.
[19]尹金伶.知行合一育人课堂教学实践探索[M].北京：光明日报出版社，2019.
[20]乔爱玲.翻转课堂教学[M].北京：高等教育出版社，2019.
[21]魏羽飞.基于STEAM教育视野的高中物理课堂教学构建[M].北京：世界图书出版公司，2020.
[22]苏洁芳.基于化学核心素养的课堂教学创新实践[M].长春：东北师范大学出版社，2020.
[23]张凌洋，张学敏，谢欧.课堂教学技能[M].重庆：西南师范大学出版社，2021.
[24]孙春成.语文课堂教学创新课型[M].太原：山西教育出版社，2020.
[25]赵尚华.初中英语课堂教学关键问题研究[M].上海：上海教育出版社，2020.
[26]刘凤英.现代高中语文课堂教学艺术研究[M].长春：吉林人民出版社，2020.
[27]修洁.基于导学的自主学习型数学课堂的教学实施与评价[M].长春：吉林大学出版社，2020.
[28]郑海燕，沈铭.新互动媒介技术下的小学数学课堂教学策略[M].福州：海峡文艺出版社，2020.
[29]曾宇宁.习性课堂模式教学案例[M].长春：吉林人民出版社，2020.
[30]黄桂兰.转识成智的课堂教学[M].上海：华东师范大学出版社，2020.
[31]唐露萍.课堂教学中的有效交往语言[M].北京：中国社会科学出版社，2020.
[32]魏义华.STR课堂教学研究[M].武汉：湖北人民出版社，2021.